अन्ना हजारे एवं जनलोकपाल विधेयक

अन्ना हजारे एवं जनलोकपाल विधेयक

एम. के. सिंह

प्रशांत पब्लिकेशन्स हाऊस
दिल्ली- 110094

प्रथम संस्करण, 2012

ISBN 978-93-80565-24-8

प्रकाशक

प्रशांत पब्लिकेशन्स हाऊस

सी-34, 28 फुटा रोड, गली नं० 3,

वेस्ट करावल नगर, दिल्ली-110094

फोन- (011) 22963970, 9810396373

प्रशांत पब्लिकेशन्स हाऊस, सी-34, 28 फुटा रोड, गली नं० 3, वेस्ट करावल नगर, दिल्ली-110094 द्वारा प्रकाशित तथा लक्की ग्राफिक्स, दिल्ली द्वारा शब्द संयोजन तथा डायनमिक प्रिन्टर्स दिल्ली द्वारा मुद्रित।

प्रस्तावना

विगत कुछ दिनों से 'अन्ना की अगस्त क्रांति' से या 'आज़ादी की दूसरी लड़ाई' से हम रूबरू हो रहे हैं, जिसमें 74 साल का एक रिटायर्ड फौजी- जिसका नाम चन्द माह पहले तक सूबा महाराष्ट्र तक सीमित था- तमाम लोगों का नायक बन कर उभरा है।

राजनीति से दूर रहने वाली युवा पीढ़ी से लेकर गृहिणियों, किशोरों, बुजुर्गों तक, समाज के विभिन्न तबकों को उसकी मराठी मिश्रित हिन्दी में व्यक्त विचारों में उम्मीद की नयी किरण नज़र आ रही है। देश के विभिन्न शहरों, नगरों, कस्बों में उसके समर्थन में जुलूस निकले हैं। और अगर स्वतंत्र स्रोतों से आने वाली ख़बरों पर यकीन करें तो यही सुनाई दे रहा है कि हुकूमत की बागडोर सम्भालने वाले लोग इस अलग ढंग की 'सुनामी' से निपटने के नये फार्मूलों पर सोचते रहे हैं। आंदोलन के परिणामस्वरूप सरदार द्वारा संसद की बैठक में लोकपाल बिल के विभिन्न मसविदों को लेकर चर्चा शुरू किया गया।

अगर हम फिलवक्त इस 'उभार' से जुड़े कई विवादास्पद पहलुओं पर गौर न करें तब भी यह मानना ही पड़ेगा कि भ्रष्टाचार के मसले पर ली गयी इस पहल ने तमाम लोगों को अपनी ओर आकर्षित किया है। भले ही जनलोकपाल के प्रावधानों से लोग परिचित न हों, मगर उन्हें लगता है कि इस नये नुस्खे से उन्हें उन तमाम दिक्कतों, परेशानियों से निज़ात मिलेगी, जिसका सामना उन्हें आए दिन सरकारी दफ्तरों में करना पड़ता है।

इस पुस्तक में अन्ना हजारे एवं जनलोकपाल विधेयक के विषय में विस्तारपूर्वक वर्णन किया गया है।

-लेखक

अनुक्रम

1
कौन हैं अन्ना हजारे?

किसन बाबूराव हज़ारे (जन्म 15 जून 1937), भारत के प्रसिद्ध गांधीवादी सामाजिक कार्यकर्ता हैं। 1992 में उन्हें पद्मभूषण से सम्मानित किया गया था। सूचना के अधिकार के लिये कार्य करने वालों में वे प्रमुख थे। साफ-सुथरी छवि वाले हजारे भ्रष्टाचार के विरूद्ध संघर्ष करने के लिये प्रसिद्ध हैं।

जन लोकपाल विधेयक पारित कराने के लिये उन्होंने आमरंण अनशन आरम्भ किया जिसे उन्हें अपार समर्थन मिला जिससे घबराकर सरकार को उनकी मांगें मानने को विवश हुई।

प्रारंभिक जीवन

अन्ना हजारे का जन्म 15 जून, 1937 को महाराष्ट्र के अहमद नगर के भिंगारी गांव के एक किसान परिवार में हुआ। उनके पिता का नाम बाबूराव हजारे और मां का नाम लक्ष्मीबाई हजारे था। उनका बचपन बहुत गरीबी में गुजरा। पिता मजदूर थे। दादा की पोस्टिंग भिंगनगर में थी। वैसे अन्ना के पुरखों का गांव अहमद नगर जिले में ही स्थित रालेगन सिद्धि में था। दादा की मौत के सात साल बाद अन्ना का परिवार

रालेगन आ गया। अन्ना के छह भाई हैं।

परिवार में तंगी का आलम देखकर अन्ना की बुआ उन्हें मुम्बई ले गई। वहां उन्होंने सातवीं तक पढ़ाई की। परिवार पर कष्टों का बोझ देखकर वह दादर स्टेशन के बाहर एक फूल बेचनेवाले की दुकान में 40 रूपये की पगार में काम करने लगे। इसके बाद उन्होंने फूलों की अपनी दुकान खोल ली और अपने दो भाइयों को भी रालेगन से बुला लिया। अन्ना हम तुम्हारे साथ है।

व्यवसाय

वर्ष 1962 में भारत-चीन युद्ध के बाद सरकार की युवाओं से सेना में शामिल होने की अपील पर अन्ना 1963 में सेना की मराठा रेजीमेंट में ड्राइवर के रूप में भर्ती हो गए। उनका पहला पदस्थापन पंजाब में हुआ। 1965 में भारत-पाकिस्तान युद्ध के दौरान अन्ना हजारे खेमकरण सीमा पर तैनात थे। 12 नवंबर 1965 को चौकी पर पाकिस्तानी हवाई बमबारी में वहां तैनात सारे सैनिक मारे गए।

इस घटना ने अन्ना की जिंदगी को हमेशा के लिए बदल दिया। इसके बाद उन्होंने सेना में 13 वर्षोंतक काम किया। उनका पदस्थापन मुंबई व कश्मीर में हुआ। जम्मू पदस्थापन के दौरान सेना में सेवा के 14 वर्ष पूरे होने पर उन्होंने स्वैच्छिक सेवा निवृत्ति ले ली। वे पास के रालेगांव सिद्धि में रहने लगे और इसी को अपनी सामाजिक कर्मस्थली बना लिया।

सामाजिक कार्य

1964 के युद्ध में मौत से साक्षात्कार के बाद नई दिल्ली रेलवे स्टेशन पर उन्होंने विवेकानंद की एक बुकलेट 'कोल टु दि यूथ फॉर

नेशन' देखा व खरीद लिया। इसे पढ़कर उनके मन में भी अपना जीवन समाज को समर्पित करने की इच्छा बलवती हो गई। उन्होंने गांधी व विनोबा की भी पुस्तकें पढ़ी। 1970 में उन्होंने आजीवन अविवाहित रहकर स्वयं को सामाजिक कार्यों के लिए पूर्णतः समर्पित कर देने का संकल्प कर लिया।

रालेगांव सिद्धि

मुम्बई पदस्थापन के दौरान वह अपने गांव रालेगन आते-जाते रहे। वे वहाँ चट्टान पर बैठकर गांव को सुधारने की बात सोचा करते थे। 1974 में स्वैच्छिक सेवा निवृत्ति लेकर रालेगाँव आकर उन्होंने अपना सामाजिक कार्य प्रारंभ कर दिया। इस गांव में बिजली व पानी की ज़बरदस्त कमी थी। अन्ना ने गांव वालों को नहर बनाने व गड्ढे खोदकर बारिश का पानी इकट्ठा करने के लिए प्रेरित किया व खुद भी इसमें योगदान दिया।

सूचना का अधिकार आंदोलन 1997-2005

1997 में अन्ना हजारे ने सूचना के अधिकार कानून के समर्थन में मुंबई के आजाद मैदान से अपना अभियान शुरू किया। 9 अगस्त, 2003 को मुंबई के आजाद मैदान में ही अन्ना हजारे आमरण अनशन पर बैठ गए। 12 दिन तक चले आमरण अनशन के दौरान अन्ना हजारे और सूचना के अधिकार आंदोलन को देशव्यापी समर्थन मिला।

आखिरकार 2003 में ही महाराष्ट्र सरकार को इस कानून के एक मजबूत और कड़े मसौदे को पास करना पड़ा। बाद में इसी आंदोलन ने राष्ट्रीय आंदोलन का रूप ले लिया। इसके परिणामस्वरूप 12 अक्टूबर 2005 को भारतीय संसद ने भी सूचना का अधिकार अधिनियम पारित किया। 5 अगस्त, 2006 में सूचना के अधिकार में संशोधन प्रस्ताव के

खिलाफ अन्ना ने 11 दिन तक आमरण अनशन किया, जिसे देशभर में समर्थन मिला।

इसके परिणामस्वरूप, सरकार ने संशोधन का इरादा बदल दिया। किंतु इस अनशन के आंदोलन का रूप लेने पर भारत सरकार ने आनन–फानन में एक समिति बनाकर संभावित खतरे को टाला व अगस्त तक संसद में लोकपाल विधेयक पास कराने की बात स्वीकार कर ली। अगस्त से शुरू हुए मानसून सत्र में सरकार ने जो विधेयक प्रस्तुत किया वह कमजोर व जन लोकपाल के सर्वथा विपरीत था। अन्ना हजारे ने इसके खिलाफ अपने पूर्व घोषित तिथि अगस्त से पुनः अनशन पर जाने की बात दुहराई।

16 अगस्त 2011 को सुबह साढ़े सात बजे जब वे अनशन पर जाने के लिये तैयारी कर रहे थे, उन्हें दिल्ली पुलिस ने उन्हें दिल्ली पुलिस ने उन्हें घर से ही गिरफ्तार कर लिया। उनके टीम के अन्य लोग भी गिरफ्तार कर लिया गया। इस खबर ने आम जनता का उद्वेलित कर दिया व वह सड़कों पर उतरकर सरकार के इस कदम का अहिंसात्मक प्रतिरोध करने लगी। दिल्ली पुलिस ने अन्ना को मजिस्ट्रेट के सामने पेश किया। अन्ना ने रिहा किए जाने पर दिल्ली से बाहर रालेगाँव चले जाने या 3 दिन तक अनशन करने की बात अस्वीकार कर दी। उन्हें 8 दिनों की न्यायिक हिरासत में तिहाड़ जेल भेज दिया गया। शाम तक देशव्यापी प्रदर्शनों की खबर ने सरकार को अपना कदम वापस खींचने पर मजबूर कर दिया।

दिल्ली पुलिस ने अन्ना को सशर्त रिहा करने का आदेश जारी किया। मगर अन्ना अनशन जारी रखने पर दृढ़ थे। बिना किसी शर्त के अनशन करने की अनुमति तक उन्होंने रिहा होने से इनकार कर दिया।

17 अगस्त 2011 की शाम तक दिल्ली पुलिस रामलीला मैदान में व 7 दिनों तक अनशन करने की इजाजत देने को तैयार हुई। मगर अन्ना ने 30 दिनों से कम अनशन करने की अनुमति लेने से मना कर दिया उन्होंने जेल में बाहर हजारों लोग डेरा डाले रहे।

17 अगस्त की शाम तक दिल्ली पुलिस रामलीला मैदान में व 7 दिनों तक अनशन करने की इजाजत देने को तैयार हुई। मगर अन्ना ने 30 दिनों से कम अनशन करने की अनुमति लेने से मना कर दिया। उन्होंने जेल में ही अपना अनशन जारी रखा। अन्ना को रामलीला मैदान मे 14 दिन कि अनुमति मिली, व अगस्त में श्री अन्ना राम लीला मैदान में जन लोकपाल बिल के लिये आनशन जारी रखने पर दृढ़ रहे। 24 अगस्त तक तीन मुदओं पर सरकार से सहमति नहीं बन पायी।

व्यक्तित्व व विचारधारा

गांधी की विरासत उनकी थाथी है। कद-काठी में वह साधारण ही हैं। सिर पर गांधी टोपी व बदन पर खादी है। आंखों पर मोटा चश्मा है, लेकिन उनको दूर तक दिखता है। इरादे फौलादी व अटल हैं। महात्मा गांधी के बाद अन्ना हजारे ने ही भूख हड़ताल व आमरण अनशन को सबसे ज्यादा बार बतौर हथियार इस्तेमाल किया है। इसके जरिए उन्होंने भ्रष्ट प्रशासन को पद छोड़ने एवं सरकारों को जनहितकारी कानून बनाने पर मजबूर किया है। अन्ना हजारे को आधुनिक युग का गांधी भी कहा जा सकता है अन्ना हजारे हम सभी के लिये आदर्श हैं।

अन्ना हजारे गांधी के ग्राम स्वराज्य को भारत के गाँवों की समृद्धि का माध्यम मानते हैं। उनका मानना है कि 'बलशाली भारत के लिए गाँवों को अपने पैरों पर खड़ा करना होगा।' उनके अनुसार विकास का लाभ समान रूप से वितरित न हो पाने का कारण रहा गाँवों को केन्द्र

में न रखना।

व्यक्ति निर्माण से ग्राम निर्माण व तब स्वाभाविक ही देश निर्माण के गांधीजी के मन्त्र को उन्होंने हकीकत में उतार कर दिखाया, व एक गाँव से आरम्भ उनका यह अभियान आज़ 85 गावों तक सफलतापूर्वक जारी है। व्यक्ति निर्माण के लिए मूल मन्त्र देते हुए उन्होंने युवाओं में उत्तम चरित्र, शुद्ध आचार-विचार, निष्कंलक जीवन व त्याग की भावना विकसित करने व निर्भयता को आत्मसात कर आम आदमी की सेवा को आदर्श के रूप में स्वीकार करने का आह्वान किया है।

2

अन्ना के साथियों पर सतारा में जानलेवा हमला

महाराष्ट्र के सतारा में अन्ना हजारे के नेतृत्व वाले संगठन भ्रष्टाचार विरोधी जन आंदोलन के तीन आरटीआई कार्यकर्ताओं पर कथित तौर पर राष्ट्रवादी कांग्रेस पार्टी के सदस्यों ने हमला कर दिया। इनमें एक कार्यकर्त्ता गंभीर रूप से घायल थे। पुलिस ने पांच लोगों के खिलाफ प्रकरण दर्ज किया। सतारा मुख्यमंत्री पृथ्वीराज चव्हाण का गृह जिला है।

सहायक पुलिस निरीक्षक शंकरराव दामसे ने बताया कि आरटीआई कार्यकर्ता पीटर बर्गे को रविवार को अज्ञात व्यक्ति ने फोन कर जान से मारने की धमकी दी। जिसकी उन्होंने पुलिस स्टेशन में शिकायत दर्ज कराई थी। इसके बाद अज्ञात लोगों ने उनके घर के सामने ही उन पर तलवार से जानलेवा हमला किया। इस मामले में पांच लोगों के खिलाफ मामला दर्ज किया गया। पुलिस का कहना है कि तलवार से किए गए हमले में वर्गे के सिर पर कई चोटें आई थीं। उन्हें पास के अस्पताल में इलाज के लिए भर्ती कराया गया प्रथा। जहां डॉक्टरों आरटीआई कार्यकर्त्ता बर्गे का स्वास्थ्य स्थिर बताया।

गौरतलब है कि गांधीवादी विचारक एवं वरिष्ठ समाजसेवक अन्ना हजारे के भ्रष्टाचार विरोधी जनआंदोलन न्यास का बर्गे कार्यकर्त्ता हैं। वह सूचना का अधिकार कानून (आरटीआई) का इस्तेमाल कर सतारा जिले में जारी अवैध निर्माणों को रोकने के लिए सक्रिय था।

वर्ष 2010 में छह आरटीआई कार्यकर्ताओं की हत्या

वैसे यदि मुंबई के गैर सरकारी संगठन (एनजीओ) के दावे पर विश्वास किया जाए, तो वर्ष 2010 में कम से कम से 6 आरटीआई कार्यकत्ताओं की हत्या की गई थी और कई लोगों पर महाराष्ट्र में जानलेवा हमला किया गया था।

इस वर्ष की शुरूआत में ही पुणे के तंलेगांव-दाभाडे इलाके में आरटीआई कार्यकर्त्ता अरूण माने पर जानलेवा हमला किया गया था। इससे पहले 2010 में पुणे जिले में ही आरटीआई कार्यकर्त्ता सतीश शेट्टी की दिनदहाड़े हत्या कर दी गई थी।

3

रालेगण का सिद्ध

आज देश की नेतृत्वहीन युवा पीढ़ी को 73 साल के किसान बाबूराव हजारे उर्फ अन्ना हजारे के रूप में एक नया नेतृत्व मिला है। सरकार असमंजस में है और विपक्ष भी कहीं न कहीं अन्ना के साथ जन सैलाब को देख असहज है। अन्ना ने महात्मा गांधी के सत्याग्रह के हथियार को एक बार फिर अजमाया। नतीजा, केंद्र सरकार पूरी तरह घुटनों पर है।

अन्ना का उदय

देखा जाए तो सार्वजनिक कामों के क्षितिज पर अन्ना का उदय उनके रिटायरमेंट के बाद ही शुरू हुआ। 1975 में फौज में रिटायर होने के बाद जब वह अपने पुश्तैनी गांव रालेगण सिद्धि आए, तो वहां के हालात भयावह थे। महाराष्ट्र के अहमदनगर जिले में स्थित तीन हजार की आबादी वाले गांव रालेगण सिद्धि में तकरीबन 400 परिवार रहते हैं। पहाड़ियों की तलहटी में मौजूद इस गांव में पानी की जबर्दस्त कमी थी, जिसके कारण खेती थी।

अन्ना को रक्षा मंत्रालय की ओर से गांव में कुछ जमीन मिली थी, लेकिन उनके सामने सबसे बड़ा सवाल था कि बिना पानी जमीन का क्या करें। गांव पहुँचते ही सबसे पहले अन्ना ने तीन हजार रूपये देकर वहां के टूटे हुए मंदिर का जीणोंद्धार कराया। इससे गांव के लोगों का अन्ना के प्रति क्या नजरिया बदल गया।

शायद सदियों बाद कोई देने वाला आया था। उसके बाद अन्ना के देने और गांव वालों के लेने का सिलसिला चलता रहा। कभी सबसे पिछड़े और गरीब गांवो में गिना जाने वाला रालेगण सिद्धि आज राज्य के संपन्न गांवों में आ चुका है।

विकास के पथ पर

1975 से 2011 तक पिछले 36 बरसों में अन्ना ने क्या दिया और गांव वालों ने क्या लिया, इसका लेखाजोखा हैरान करने देने वाला है। गांव में एक पुराना बांध था, लेकिन उसकी दीवार में दरार होने के कारण बरसात का पानी बह जाता था। अन्ना ने गांव वालों के श्रमदान की मदद से उस बांध की दीवार को ठीक किया और वॉटर शेड मैनेजमेंट के सहारे बरसाती पानी को इकट्ठा कर गांव में हरियाली लाने की व्यवस्था कि तथा धीरे-धीरे गाँव में छाने लगी और गांव की किस्मत के दरवाजे खुलते गए।

अन्ना की कोशिशों से तीन लाख पेड़ लगाए गए। इसके साथ ही गावं वालों में इस बात का आत्मविश्वास पनपा कि सरकारी मदद के बिना भी हम कुछ खुद भी कर सकते हैं। फिर अन्ना के नेतृत्व में गांव ने प्रगति के रास्ते पर खुद को बढ़ाना शुरू किया। दो जून की रोटी को तरसता गांव आज फल व सब्जियों से लेकर तिलहन और दलहन की फसल तक उगा रहा है।

देसी दारू से दूध तक

स्थानीय युवाओं को संगठित कर अन्ना ने गांव में तीन अभियान छेड़े। ये थे- नशाबंदी, कुल्हाड़ी बंदी और चाराबंदी। रालेगण सिद्धि पूरे जिले में अवैध देसी दारू के उत्पादन के लिए जाना जाता था। वहां के लोगों को रोजी-रोटी काफी हद तक इसी पर निर्भर थी। अन्ना को नशाबंदी के लिए कड़ा संघर्ष करना पड़ा। कई बार पियक्कड़ दारूबाजों को अन्ना ने गांव के मंदिर के सामने बने खंभों से बांधकर सजा दी। अन्ना का मानना था कि जैसे बीमार पड़ने पर हम कड़वी दवा लेते हैं वैसे ही इस तरह की बीमारी से छुटकारा पाने के लिए कुछ कड़वी डोज देनी पड़ती है।

अन्ना ने दारू बनाने वालों को उनके धंधे से निकालकर दूध को डेरी व दूसरे कामों में लगाया। कभी देसी दारू के लिए कुख्यात रालेगण सिद्धि आज अपने दुग्ध उत्पादन के लिए जाना जाता है। अन्ना के खास आग्रह पर राज्य सरकार ने उस वक्त के नशाबंदी कानून में बदलाव किया और कहा कि अगर गांव या वॉर्ड की 25 फीसदी महिलाएं लिखकर राज्य सरकार से अनुरोध करे तो सरकार उस जगह गुप्त मतदान कर सकती है। इसमें अगर 50 फीसदी मतदाताओं का समर्थन मिल जाए तो नशाबंदी लागू कर दी जाएगी। अन्ना के अनुरोध पर ही दारू की दुकान के लाइसेंस के लिए ग्राम सभा की इजाजत जरूरी कर दी गई। अन्ना के कहने पर ही गांव में बीड़ी, सिगरेट आदि की होलियां जलाई गई और आज पूरा गांव हर तरह के नशे से मुक्त है।

अन्ना ने गांव में सामूहिक विवाह की शुरूआत कर गरीब व रईसों के बीच की खाई को पाटने की कोशिश की। गांव को छुआछूत की

बीमारी से मुक्त किया। गांव में संत यादव बाबा चैरिटेबल ट्रस्ट की स्थापना कर सेकंडरी स्कूल शुरू किया। तीन सहकारी समितियां बनाकर खेती के लिए पानी के बंटवारे का प्रबंध किया। यादव बाबा दुग्ध सहकारी संघ की स्थापना बनाकर खेती के लिए पानी के बंटवारे का प्रबंध किया। आज गांव में मलमूत्र की गैस और वायु ऊर्जा के उपयोग से बिजली का उत्पादन किया जाता है।

अन्ना के इन प्रयासों के चलते धीरे-धीरे रालेगण सिद्धि मॉडल की चर्चा पूरे देश में होने लगी। कई राज्यों ने अपने अधिकारियों को ग्रामीण विकास के गुर सीखने के लिए अन्ना के पास भेजा। फिर तो अन्ना को देश में जगह-जगह ग्रामीण विकास पर व्याख्यान देने के लिए बुलाया जाने लगा।

भ्रष्टाचार के खिलाफ बगावत की शुरूआत

1991 मे अन्ना ने वन विभाग में पनप रहे भ्रष्टाचार के खिलाफ बिगुल बजाकर 40 अधिकारियों के खिलाफ राज्य सरकार को कारवाई करने को मजबूर किया। उन्होंने भ्रष्टाचार विरोधी आंदोलन शुरू कर मोर्चा खोल दिया। 1997 में राज्य सरकार द्वारा पावरलूम की खरीद में हुए भ्रष्टाचार को सामने लाते हुए आंदोलन छेड़ दिया। उन्होंने राज्य के मंत्री बबनराव घोलप पर अवामी मर्चेंट बैंक घोटाले में लिप्त होने का आरोप लगाकर मंत्रिमंडल से बाहर करवा दिया।

इसी बीजेपी-शिवसेना सरकार में रहे बीजेपी के मंत्री महादेवराव शिवणकर, शोभा फड़नविस को मंत्री पद छोड़ना पड़ा। बाद में राज्य के मुख्यमंत्री मनोहर जोशी ने भी इस्तीफा दे दिया। 2003 में अन्ना ने फिर आमरण अनशन की घोषणा कर भ्रष्ट मंत्रियों के खिलाफ कार्रवाई की मांग की। राज्य सरकार ने अन्ना के कहने पर सांवत आयोग का गठन

किया और उसकी सिफारिशों पर राज्य के तीन मंत्री विजय कुमार गावित, नवाब मलिक को अपने पद से त्याग पत्र देना पड़ा। सूचना के अधिकार के कानून में बदलाव का प्रस्ताव हो या रेग्युलेशन ऑफ ट्रांसफर एंड प्रिवेंशन ऑफ डिले इन डिस्चार्ज ऑफ ऑफिशल ड्यूटीज एक्ट का प्रस्ताव या फिर अनाज से शराब बनाने की नीति हो, अन्ना ने अनशन के दम पर राज्य सरकार से अपनी सारी मांगे मनवा ली। आज अन्ना के एजेंडे पर लोकपाल बिल है और आगे वह चुनाव प्रक्रिया में सुधारों की मांग भी करेंगे।

4

सावंत कमीशन तथा अन्ना

अन्ना हजारे ने जब महाराष्ट्र की राज्य सरकार के चार मंत्रियों पर आरोप लगाते हुए उनके खिलाफ कार्रवाई की मांग की तो राज्य के एक मंत्री सुरेश दादा जैन ने पलटकर अन्ना पर भ्रष्टाचार का आरोप लगा दिया। राज्य सरकार ने इन सभी के आरोपों की जांच के लिए 1 सितंबर 2003 को सुप्रीम कोर्ट के रिटायर्ड जस्टिस व प्रेस काउंसिल ऑफ इंडिया के पूर्व अध्यक्ष पी.बी. सावंत की अध्यक्षता में एक सदस्यीय जांच आयोग का गठन किया।

23 फरवरी 2005 को सावंत आयोग ने राज्य सरकार को अपनी रिपोर्ट पेश की। मार्च 2005 में सरकार ने वह रिपोर्ट विधानसभा के पटल पर रखी लेकिन इस पर कार्रवाई करने की बजाय 25 अप्रैल 2005 को एक अध्यादेश के जरिए टास्क फोर्स का गठन किया। सितंबर 2005 में इस टास्क फोर्स ने जो रिपोर्ट पेश की, उसमें न मंत्रियों पर और न ही अन्ना पर किसी कार्रवाई की जरूरत बताई गई। इस पर अन्ना को सिर्फ टास्क फोर्स की रिपोर्ट पर अपनी रिपोर्ट देने की जिम्मेदारी सौंपी गई। बताया जाता है कि 2005 से लेकर अब तक इस

कमेटी की एक मीटिंग नहीं हुई।

सावंत आयोग की रिपोर्ट आने के बाद आरोपित मंत्रियों ने इस्तीफे दे दिए थे, लेकिन बाद में हुए चुनावों में उनका फिर से जीतना शायद अन्ना को कमजोर कर गया। समय के साथ अन्ना की दिलचस्पी इस मामले में कम होती गई। 2005 से अब तक राज्य में चार मुख्यमंत्री बदल गए, लेकिन उस उच्चस्तरीय कमेटी की रिपोर्ट अब तक नहीं आई।

सावंत आयोग की रिपोर्ट में अन्ना को 21 जगह कानून के विपरीत काम करने का दोषी ठहराया गया है पर सभी आरोपों के टेक्निकल होने की वजह से सरकार ने अन्ना के खिलाफ कोई कार्रवाई नहीं की। अन्ना के विसल ब्लोअर होने के कारण सरकार ने रियायत देते हुए कहा कि अन्ना ने निजी लाभ के लिए कोई काम नहीं किया, बल्कि वह भ्रष्टाचार मिटाने के लिए संघर्ष कर रहे हैं।

सावंत आयोग ने उन पर भले ही भ्रष्टाचार के आरोप न लगाए हों, पर उनके साथ काम करने वालों पर उंगली उठाकर व उनके ट्रस्टों में प्रशासनिक गलतियां निकालकर उन्हें नैतिकता के कठघरे में जरूर खड़ा कर दिया।

5

हजारे ने फूंका 'दूसरी क्रांति' का बिगुल

अन्ना हजारे ने भ्रष्टाचार के खिलाफ आंदोलन के दूसरा चरण का बिगुल को मुबंई से फूंक दिया। हजारे ने मुम्बई मराठी पत्रकर संघ की ओर से आयोजित 'प्रेस से मिलिए' कार्यक्रम में कहा, यह आंदोलन किसी व्यक्ति अथवा व्यक्ति पार्टी के खिलाफ नहीं है। आम आदमी के लिए भ्रष्टाचार बढ़ गया है जिसके कारण महंगाई भी बढ़ गई है। भ्रष्टाचार ही मंहगाई का मूल कारण है।

उन्होंने कहा, हो सकता है कि भ्रष्टाचार को एक साथ मिटाना संभव नहीं है। लेकिन हम उसे कम से कम 80-90 प्रतिशत तो कम कर ही सकते हैं। गांधीवादी नेता अन्ना ने याद करते हुए कहा कि वह तारीख नौ अगस्त ही थी जब उन्होंने महाराष्ट्र में सूचना का अधिकार कानून के लिए यहां पर अनशन शुरू किया था। उन्होंने कहा, हमारा मानना है कि भ्रष्टाचार के खिलाफ यह आंदोलन स्वतंत्रता की दूसरी लड़ाई है। अंग्रेजों को देश से बाहर खदेडने के लिए लाखों लोगों ने अपने प्राणों की आहूति दे दी थी। लेकिन गत 65 वर्षों में कोई परिवर्तन नहीं आया है।

हजारे ने कहा, 2 जी घोटाला और सुरेश कलमाडी का राष्ट्रमंडल घोटाला सूचना के अधिकार कानून से ही सामने आया लेकिन इस कानून के पास दोषियों को जेल भेजने का अधिकार नहीं है। जनलोकपाल विधेयक में यह शक्ति है। इसी कारण से हम इस कानून को लागू करने के लिए सरकार पर दबाव डाल रहे हैं।

उन्होंने भ्रष्टाचार से रोकने के लिए कड़ी सजा के प्रावधान का समर्थन करते हुए कहा, इसके लिए आजीवन कारावास की सजा क्यों न हो? वास्तव में हम यह कह रहे हैं कि भ्रष्टाचारों को फांसी की सजा दी जाए।

उन्होंने कहा, भ्रष्टाचार में लिप्त व्यक्ति से राशि बरामद करने का प्रावधान होना चाहिए। दोषी व्यक्ति को मात्र जेल भेजना ही पर्याप्त नहीं होगा। राशि भी उस व्यक्ति से बरामद होनी चाहिए।

6

अन्ना का आंदोलन और सत्ता की साजिश!

भ्रष्टाचार विरोधी मुहिम के पिछले कुछ दिनों का घटनाक्रम चिंता का विषय है। लगता है कि देश की भ्रष्ट ताकतें भष्टाचार निरोधी प्रभावी कानून तैयार करने की प्रक्रिया को पटरी से उतारने के लिए एकजुट हो गई हैं। हम एक साथ मिलकर उन ताकतों को पराजित कर सकते हैं। उन ताकतों की एक रणनीति यह है कि समिति में शामिल सामाजिक कार्यकर्ताओं की छवि खराब की जाए।

अन्ना हजारे की चिट्ठी का यह अंश दरअसल उस पीड़ा की अभिव्यक्ति थी, जो एक अच्छे काम को पटरी से उतारने की कोशिश से उपजी है। इस पीड़ा में अन्ना हजारे का क्षोभ भी कहीं गहरे तक साया है। ऐसी तकलीफ गांधी जी को भी आजादी मिलने के कुछ पहले हुई थी, जब उनकी सोच के मुताबिक काम करने से तब के प्रमुख कांग्रेसी हिचकने लगे थे और लगता था कि आजाद भारत के कांग्रेसियों को गांधी जी की जरूरत ही नहीं रह गई है। तब गांधी ने कहा था कि इसी देश की मिट्टी से वे दोबारा कांग्रेस से भी बड़ा आदोलन खड़ा कर देंगे।

गांधी जी की उस पीड़ा उनके अपने ही अनुयायियों से पहुंची थी, जबकि अन्ना को उनके आंदोलन के साथियों से ज्यादा दूसरे लोगों के हमलों का सामना करना पड़ रहा है। इसीलिए उनका क्षोभ गांधी से कहीं कम है, लेकिन उनका भी कर्म चूंकि बृहतर सामाजिक संदर्भों को पटरी पर लाने से जुड़ा है, इसीलिए दर्द भी है। जन लोकपाल की मांग को लेकर अनिश्चितकालीन अनशन पर बैठे अन्ना की मागों को मानना भारत सरकार की मजबूरी बन गई थी।

दुनिया का सबसे बड़ा लोकतंत्र होने के दावा करते न थकने वाली भारत सरकार को नव उदारीकरण के दौर में लोकतंत्र भी एक नाटक-सा होता जा रहा है। फिर पश्चिमी ताकतों के सामने लोकतांत्रिक होते दिखना भी उदारवाद का ही सहज विस्तार माना जा रहा है। ऐसे में भारत सरकार को लोकतांत्रिक दिखना जरूरी था।

नए मीडिया माध्यमों, सोशल मीडिया आदि के जरिए दुनिया जितनी छोटी हुई है, उतनी शायद इससे पहले कभी छोटी नहीं थी। इसका सहज असर पूरी दुनिया में दिख रहा है। चूंकि हम बाकी दुनिया की तुलना में खुद को कहीं ज्यादा लोकतांत्रिक साबित करने का मौका नहीं छोडते, लिहाजा अन्ना हजारे के सामने हमारी सरकार को झुकना ही था। यह झुकी भी।

खुद अन्ना को भी उम्मीद नहीं थी कि उनके अनशन के महज चार दिनों में इतना ज्यादा समर्थन मिल जाएगा, लेकिन भारी समर्थन ने उनके आत्मविश्वास को इस कदर बढ़ा दिया है कि जन लोकपाल के लिए गठित समिति की पहली बैठक में शामिल होने के लिए जाते वक्त यह कहने से नहीं चूके कि अगर उनका अनशन चार दिन और चल जाता तो केंद्र सरकार गिर जाती।

उसी अन्ना का आत्मविश्वास महज दो दिनों बाद डोलने लगता है और कांग्रेस अध्यक्ष सोनिया गाधी को चिट्ठी लिखने के लिए मजबूर होना पड़ता है तो जाहिर है कि उनके अंदर कहीं न कहीं अपने राजनीतिकों के दावपेचों से कुछ न कुछ खदबदा रहा है। इटली के विद्वान मेकियावेली ने अपनी पुस्तक 'द प्रिंस' में सत्ता के चरित्र की व्याख्या की है। इस व्याख्या के अनुसार सताएं चाहे अधिनायकवादी हों या फिर लोकतांत्रिक, उनके मूल में एक समानता होती है, विरोधी सुरों को आसानी से स्वीकार नहीं करना।

सत्ता का यह लोहआवरण ही है कि जल्द झुकती भी नहीं। इसका उदाहरण अपने ही देश के छोटे-छोटे आदोलनों में दिख जाएगा। ऐसे में यह सोचना की सत्ता अन्ना के सामने झुक गई व जन लोकपाल की राह आसान हो गई, दरअसल दिवास्वप्न जैसा ही था।

आदोलन को तोड़ने को कोशिशें उसी दिन शुरू हो गई, जब आदोलन की कामयाबी के लिए गठित ड्राफ्ट कमेटी में शंतिभूषण व उनके बेटे प्रशांत भूषण के शामिल किए जाने को वंशवाद से जोड़कर देखा-दिखाया जाने लगा। इन चर्चाओं व खबरों के पीछे जहाँ सत्ताधारी खेमे के कुछ लोग जुटे हैं तो कई लोग ऐसे भी हैं, जिन्हें भगवा रंग से हर कीमत पर नाराजगी है।

अन्ना की लानत-मलामत का जैसे मौका ही मिल गया। अन्ना जब नीतीश या नरेंद्र मोदी की प्रशंसा कर रहे थे तो उसके पीछे उनका सहज हृदय काम कर रहा था, लेकिन अन्ना के आंदोलन के आगे मजबूर हुए विकास कार्यों की बिना वजह आलोचना करने के लिए गोधरा का भूत जागना दरअसल नरेंद्र मोदी पर हमला नहीं था, बल्कि अन्ना के आन्दोलन को पटरी से उतारने की कोशिश ही थी। इसमें एक खास

विचारधारा के लोग कुछ ज्यादा ही सक्रिय हैं।

गांधीजी की अगुआई में जब कांग्रेस भारतीय स्वतंत्रता आंदोलन के केंद्र में थी, तब उसके साथ राष्ट्रीय स्वयं सेवक संघ भी काम कर रहा था, सांप्रदायिकता विरोधी गांधीजी को भी आरएसएस के साथ से परहेज नहीं था। गांधी की हत्या का आरोप आरएसएस पर था, इसके बावजूद पंडित जवाहर लाल नेहरू के मंत्रिमडल में भारतीय जनसंघ के संस्थापक श्यामा प्रसाद मुखर्जी शामिल थे।

पंडित नेहरू ने खुद आरएसएस को गणतंत्र दिवस को परेड में मार्च पास्ट के लिए बुलाया था। इसका यह मतलब था कि देश के समग्र विकास में वे सबको साथ लेकर चलने की विचारधारा पर चलते थे। अन्ना के मोदी समर्थक बयान को उस नजरिए से क्यों नहीं देखा गया और उसकी आलोचना करने की कोशिशें तेज हो गईं। साफ है कि अन्ना और उनकी टीम पर आरोप लगा-लगाकर उनकी साख को धक्का पहुंचाने की कोशिशें शुरू हो गई। आखिर क्या वजह है कि अन्ना की साख को चोट पहुंचाने की कोशिशें तेज हो रही हैं इसके दो कारण हैं। पहला कारण तो विशुद्ध राजनीतिक है।

अन्ना ने जन लोकपाल के लिए जो आदोलन चलाया है, निश्चित तौर पर उसका फायदा पूरे देश को होना है। लेकिन चूंकि अन्ना और उनके साथियों ने इसका राजनीतिक फायदा उठाने की कोई मंशा जाहिर नहीं की है और न ही उनकी कोई मंशा है भी। उनके पास राजनीतिक संगठन भी नहीं है। इसके चलते देर-सवेर जब चुनाव होंगे तो विपक्षी राजनीतिक धारा के एक वर्ग को डर है कि इसका फायदा भाजपा को हो सकता है। भाजपा कालेधन, स्विस बैंक में जमा धन व भष्टाचार के मसलें को लेकर 2009 के आम चुनावों से ही आंदोलन कर रही है।

हालांकि उसे इसका फायदा नहीं मिल पाया, लेकिन अन्ना का साख भरी आवाज ने जब लोगों को जगा दिया तो भष्टचार के खिलाफ आंदोलन तो खड़ा हो गया, लेकिन चुनावी समय में जाहिर है कि यह सवाल उठाने का फायदा भाजपा को मिल सकता है। हालांकि शांतिभूषण या प्रशांत भूषण जैसे जिन लोगों पर सवाल उठाए जा रहे थे, सच तो यह है कि वे खुद भी नहीं चाहेंगे कि अन्ना के साथ खड़े आंदोलन का फायदा भाजपा को मिले। इसके बावजूद अन्ना की साख को गिराने की कोशिशें जारी हैं। इसकी दूसरी वजह सत्ता के अंह को पहुंची चोट है, जिसका बदला वह चुकाना चाहेगी ही। वैसे सत्ता के इर्द-गिर्द भ्रष्टाचारियों का बोलबाला कुछ ज्यादा ही है। उन्हें एक और डर सता रहा है कि अगर जल लोकपाल बिल पास हुआ तो उनके तो हाथ-पाँव ही बंध जाएंगे। इसके लिए बेहतर उपाय यह है कि अन्ना की साख को चोट पहुंचाई जाए, लेकिन अन्ना की साख पर चोट पहुंचाने की कोशिश में जुटे लोगों को यह पता होगा ही कि अन्ना के लिए पूरा समाज है। अन्ना के पास कोई आर्थिक ताकत नहीं है।

ऐसे लोगों के लिए समाज तभी उठ खड़ा होता है जब उसकी साख होती है और अन्ना जैसे लोगों की साख एक दिन में नहीं आती। इसलिए उस पर चोट पहुंचाना भी आसान नहीं होता।

अन्ना की कठिन लड़ाई

अन्ना हजारे की लड़ाई की शुरूआत में जो आशंकाएँ थीं, वह सच साबित हो रही हैं। पहले ड्रॉफ्टिंग समिति के सदस्य शांति भूषण के विरूद्ध संपत्ति की खरीद में कम स्टाप शुल्क का मामला सामने आना और फिर एक सीडी के जरिये चार करोड़ के रिश्वत की लेन-देन की साजिश इसके प्रमाण है।

आखिर जो लोकतंत्र ताकतवर राजनीतिज्ञों के लिए नाजायज लूट और वंशवाद का हिस्सा बन चुकी है, वह क्यों चाहेंगे कि उनकी पकड़ कमजोर पड़े। नेता, नौकरशाह और कारोबारियों का गठजोड़ आम लोगों पर न केवल भारी रहा है, बल्कि वर्तमान व्यवस्था को जस की तस बनाए रखने की कवायद भी करता रहा है।

व्यवस्था में कोई परिवर्तन न हो इसलिए देश के प्रधानमंत्री रह चुके एच डी देवगौड़ा के पुत्र और कर्नाटक के पूर्व मुख्यमंत्री एच डी कुमारस्वामी हद दर्जे की बेशर्मी से कह देते हैं कि आज गांधी होते तो वह भी भ्रष्ट होते अथवा राजनीति से दूर चले गए होते।

दूसरी तरफ कपिल सिब्बल जैसे जिम्मेवार नेता कहते हैं कि पाठशाला में प्रवेश और राशन में भ्रष्टाचार का निदान इस विधेयक से होने वाला नहीं है। इसी तर्ज पर सलमान खुर्शीद ने कह दिया था। कि ईश्वरीय सत्ता के बावजूद अपराध होते ही हैं।

कांग्रेस प्रवक्ताओं और कई कथित कानूनविद और बुद्धिजीवी लोकपाल विधेयक के मसौदे को तैयार करने वाली संयुक्त समिति को संवैधानिक व्यवस्था का हनन मानते हुए चुनौती दे रहे हैं। छह दशक से भी ज्यादा लंबे समय से जनता की गाढ़ी कमाई से खाद-पानी लेता रहा भ्रष्ट तंत्र कतई नहीं चाहता कि भ्रष्टाचार से निपटने की कोई मजबूत और कारगर संस्था वजूद में आए। इसलिए कुछ भ्रष्टाचारी को बंदरिया के उस मरे हुए बच्चें की तरह सीने से चिपकाए रखना चाहती है जो यह मानने को तैयार नहीं होती की बच्चा मर गया है।

इस कथित भ्रष्टाचारियों को यह नहीं भूलना चाहिए कि सदियों से भारत पर काबिज रहे राज-रजवाड़े और दो सौ साल तक हुकूमत करने

वाले अंग्रेजी राज का खात्मा भी जन आंदोलनों की देन हैं इसलिए लोकपाल विधेयक आने में कई मुश्किलें आ सकती हैं समय लग सकता है, लेकिन लोकपाल अब आकर रहेगा। इसे शासन-प्रशासन जैसी कोई ताकत रोक नहीं पाएगी। जन लोकपाल में कठिनाइयाँ आना इसलिए भी लाजिमी है, क्योंकि केंद्र सरकार के जो मंत्री संयुक्त समिति के सदस्य हैं, वे अमेरिकी पूंजीवाद के हिमायती तो हैं ही औद्योगिक घरानों के निष्ठावान अनुयायी भी हैं।

कपिल सिब्बल, पी चिदंबरम, प्रणब मुखर्जी कंपनियों के मुखर पक्षधर हैं। कानून मंत्री वीरप्पा मोइली जरूरी पृथक जनहितैषी मानसिकता के हैं। इसलिए वह भ्रष्टाचार पर शिंकजा कसने के लिए मौजूदा कानूनों में बदलाव की पैरवी भी करते रहे हैं। नागरिक समाज के पहले विधेयक के रूप में लोकपाल की नियुक्ति प्रक्रिया में पदेन प्रधानमंत्री और विपक्ष के नेता को शामिल नहीं किया गया था, किंतु नए प्रारूप में इन्हें राज्यसभा के सभापति और लोकसभा के अध्यक्ष के स्थान पर लिया गया है।

प्रधानमंत्री और प्रतिपक्ष नेता पद ठेठ राजनीतिक है। इन्हें अपनी स्थिति बहाल रहने के लिए कई तरह के प्रत्यक्ष-अप्रत्यक्ष समझौते करने व संतुलन बिठाने होते हें। इसलिए इनकी निष्पक्षता प्रभावित हुए बिना नहीं रहती, जबकि राज्यसभा के सभापति उपराष्ट्रपति होते हैं। जिनकी प्रतिबद्धता, संवैधानिक मान-मर्यादा से जुड़ी होती है। आमतौर से लोकसभा अध्यक्ष विपक्षी दलों में से किसी निर्वाचित संसद सदस्य को ही बनाए जाने की परिपाटी है। हालांकि अपवादस्वरूप ही सत्ता दल के संसद को इस गरिमामय पदसे नवाजा जाता है। इसलिए लोकसभा अध्यक्ष से भी निष्पक्ष रहकर काम करने की अपेक्षा की जाती है।

लोकपाल के चयन में प्रधानमंत्री और विपक्ष के नेता के हस्तक्षेप से सीवीसी की तर्ज पर किसी भ्रष्ट नौकरशाह को बिठा देने की आंशका हमेशा बनी रहेगी? लोकपाल विधेयक के ठोस प्रारूप में यह बदलाव इसे सीबीआई, केंद्रीय सतर्कता आयोग, मानवाधिकार आयोग और महिला आयोग और महिला आयोग की तरह नखदंत विहीन बना देने की शुरूआत है। इसे सर्वोच्च न्यायालय, निर्वाचन आयोग और सीएजी की तरह एक मजबूत स्वायत्त संस्था बनाने की जरूरत है।

यह गौरतलब है कि सर्वोच्च न्यायालय और सीएजी पर यदि केंद्र सरकार का नियंत्रण होता तो 2 जी स्पेक्ट्रम और राष्ट्रमंडल खेल घोटालों से पर्दा उठता ही नहीं। हमारे देश में मजबूत संवैधानिक संस्थाओं को कमजोर करते हुए उन्हें राजनैतिक नियंत्रण में लाने की कवायद हर शासन काल में होती रही है।

7

सोनिया के साथियों से नाराज़ अन्ना का खत

लोकपाल बिल पर सरकार को झुकाने वाले समाजदेवी अन्ना हजारे ज्यांयट ड्राफ्टिंग कमेटी की पहली बैठक से पहले उठे सीडी विवाद पर अन्ना हजारे ने कांग्रेस अध्यक्ष सोनिया गांधी को चिट्ठी लिखी थी। उन्होंने आरोप लगाया कि लोकपाल बिल की ड्राफ्टिंग की प्रक्रिया पर पानी फेरने की कोशिश हो रही है।

सोनिया गांधी को लिखी चिट्ठी में अन्ना ने कहा कि देशभर में यह संदेश देने की कोशिश हो रही थी कि हम सरकार के आगे झुक गए हैं। उन्होंने चिट्ठी में लिखा है, 'पिछले दो दिनों में जिस तरह से सिविल सोसायटी के लोगों के खिलाफ खुलकर दुष्प्रचार किया जा रहा है, वह चिंता का विषय है। ऐसा लगता है कि लोकपाल बिल ड्राफ्टिंग की प्रक्रिया को पटरी से उतारने के लिए देश के भ्रष्टाचारी एकजुट होने लगे हैं।' दिग्विजय सिंह का नाम लिए बिना अन्ना ने कहा, 'कांग्रेस के महासचिवों में से एक ने पिछले दिनों कई बयान दिए। क्या वह (सोनिया गांधी) अपनी पार्टी के महासचिव के बयान से सहमत हैं।"

गौरतलब है कि कांग्रेस महासचिव दिग्विजय सिंह ने हाल में एक निजी चैनल से इंटरव्यू में अन्ना हजारे पर परोक्ष हमला करते हुए कहा था कि उन्होंने लोकपाल बिल बनाने के लिए गठित समिति के सदस्यों का चयन सावधानी पूर्वक नहीं किया। दिग्विजय ने इस बात पर भी सवाल उठाया कि जंतर-मंतर पर आयोजित किए गए इतने बड़े आंदोलन के लिए अन्ना को कहां से इतनी बड़ी रकम मिली।

दिग्विजय ने अन्ना से यह भी पूछा था कि क्या नेता असभ्य हैं कि उन्हें सिविल सोसायटी के लोग जंतर-मंतर पर आयोजित चार दिन के धरने-प्रदर्शन पर 50 लाख रूपये खर्च कर सकते हैं, तो वह लोग नेताओं से यह मांग कैसे कर सकते हैं कि चुनावों में एक सीमा तक खर्च करे।' बिहार के मुख्यमंत्री नीतिश कुमार ने अन्ना हजारे और उनके साथियों शांति भूषण और प्रशांत भूषण का बचाव करते हुए सोमवार को कहा कि भ्रष्टाचार के खिलाफ मुहिम चलाने वालों के खिलाफ साजिश रचने वालों को इसका खमियाजा भुगतना पड़ेगा। उन्होंने पटना में आयोजित जनता दरबार के दौरान पत्रकारों से कहा, "शांति भूषण और प्रशांत भूषण की ईमानदारी पर सवाल नहीं खड़े किए जा सकते। हालांकि मुझे उम्मीद है कि इस अभियान के खिलाफ साजिश रचने वालों को मुंहतोड़ जवाब देने के लिए शांति भूषण और उनके बेटे खुद ही सक्षम हैं।"

नीतीश ने किसी का नाम लिए बगैर कहा, "जो इस तरह के आरोप लगा रहे हैं वो गलत नंबर डायल कर रहे हैं।"

माया के सूबे से शुरू हुआ अन्ना का अभियान

लोकपाल बिल पर जनता का समर्थन हासिल करने के मकसद के अन्ना हजारे का भ्रष्टाचार के खिलाफ देशव्यापी अभियान शुरू किया

गया। अन्ना ने इस अभियान की शुरूआत अप्रैल के आखिर में उत्तर प्रदेश की राजधानी लखनऊ से शुरू की। देश में जन लोकपाल बिल लाने की मांग को लेकर पिछले दिनों राजधानी कर भ्रष्टाचार के खिलाफ मुहिम और इस बिल के प्रति लोगों को जागरूक किया।

भ्रष्टाचार के खिलाफ अन्ना हजारे की जंग को देश में ही राजनेताओं द्वारा कमजोर करने की भले कोशिश की गई लेकिन इसे विदेशी मीडिया खूब तवज्जों दिया। विदेशी मीडिया ने अन्ना को "एंटी करप्शन हीरो" और "21वीं सदी का गांधी" जैसे कई नाम दिए हैं।

8

आंदोलन बनाम राजसत्ता

जनलोकपाल विधेयक के लिए हुए आंदोलन ने निश्चित ही अतिरेक पैदा किया। एक तरफ मीडिया का अतिरेक तो दूसरी तरफ आंदोलन की आलोचना की जवाबी अतिरेक। जितना अनपेक्षित जनसमर्थन उतनी ही अनपेक्षित आलोचना। यह स्वाभाविक है कि सत्तरूढ़ दल की ओर से दिग्विजय सिंह जैसे चुनिंदा नेता और अमर सिंह जैसे उनकेनए दोस्त ही नहीं सहयात्री बुद्धिजीवी भी मैदान में उतरे। भाजपा के इस आंदोलन को भुनाने की संभावना से भयभीत और मुख्यत: धर्मनिरपेक्षवादी कार्यवाई तक सीमित बुद्धिजीवियों का भी इसके विरोध में आना स्वाभाविक था।

अचरज़ आलोचना पर नहीं है। इस आंदोलन के अंतविरोधी चरित्र, भ्रमों, राजनीति की सीमित समझ और मीडिया के सरलीकरणों की खबर जरूर ली जानी थी। मगर अचरज तब होता है जब परिवर्तन के हामी समझे जाने वाले बुद्धिजीवी नवउदारवादी राजसत्ता के पक्ष में बोलने लगे। अन्ना की आलोचना तो ठीक है पर ऐसा करते हुए सत्ता और व्यवस्था का पक्षधर बन जाने की मजबूरी या बेचैनी को समझ पाना

आसान नहीं है।

अन्ना के बहुत से समर्थकों और आंदोलन की लोकप्रियता को भुनाने की कोशिश करते मीडिया को भी पिछले दिनों में शायद समझ आया होगा कि अन्ना सिर्फ अन्ना हैं। न गांधी न जयप्रकाश, अन्ना के अंतर्विरोध और कमियां उनकी अपनी है।

गांधी और जयप्रकाश अलग ऐतिहासिक राजनीतिक मोड़ की उपज थे। कोई बड़ा आंदोलन किसी एक शख्सियत के भीतर से नहीं उपजता। मगर क्या इस आंदोलन की शिनाख्त अन्ना और इस आंदोलन में सामने दिखाई दे रही कुछ और शख्सियतों तक सीमित की जा सकती है? या फिर यह देश की मौजूद व्यवस्था में संस्थागत रूप से जड़ जमाए हुए भ्रष्टाचार के खिलाफ लंबे समय से सुलगते आ रहे जनाक्रोश की अभिव्यक्ति भी था? इस प्रश्न का उत्तर काफी हद तक यह तय करता है कि कोई इस आंदोलन के प्रति घोर विरोधी रवैया, या आलोचनात्मक समर्थन या फिर अंधसमर्थन का रूख अपनाएगा।

शायद सार्वजनिक दायरे में अन्ना के आंदोलन की राज्यवादी आलोचना की शुरूआत हुई। सेंटर फॉर पालिसी रिसर्च के अध्यक्ष प्रतापभंानु मेहता के एक लेख से। मेहता एक मेधावी युवा राजनीतिक चिंतक और अंग्रेजी में मजे हुए लेखक हैं। उनकी तारीफ करनी होगी कि वे नवउदारवाद के अपने समर्थन और आरक्षण या ओबीसी गणना के विरोध को छिपाते नहीं हैं।

जनता के स्वनियुक्त सरपरस्तों की कानून निर्माण की जिद को प्रतिनिधि लोकतंत्र के लिए खतरा ठहराया गया। बाद में उनके इस लेख की भाषा ब्लॉगों, अखबारों और फेसबुक के लेखें और टिप्पणियों में

चक्कर लगाती रही।

ऐसी टिप्पणियां भी पढ़ने को मिलीं, जिनमें एक सांस में अन्ना की भूख हड़ताल के ब्लैकमेल को कोसा गया तो दूसरी सांस में इरोम शर्मिला की भूख हड़ताल की उपेक्षा पर दुख जताया गया।

सत्ताधारी वर्ग आंदोलन के भूख हड़ताल या बंद जैसे तरीके को ब्लैकमेल बताए तो बात समझ आती है, मगर खुद को अन्ना से ज्यादा क्रांतिकारी साबित करने पर तुले लोग यही कहें तो उनके इरादे पर शक होता है। भूखहड़ताल बंद या इस तरह का कोई भी कदम सत्ता का ध्यान आकर्षित करने और उसे बातचीत की टेबल पर लाने के लिए ही किया जाता है। 'असली क्रांतिकारी' भी जब यह करते हैं तो मकसद सत्ता से अपील करना होता है। आंदोलन के इन तरीकों को ब्लैकमेल ठहराना सत्ता की उच्चतम किस्म की चाटूकारिता है।

दस साल से इरोम की आवाज को नहीं सुना गया तो इसकी जिम्मेदारी साफ तौर पर केंद्र सरकार पर पहले काबिज भाजपा और कांग्रेस और मणिपुर की गद्दी पर भी 2002 से बैठी हुई कांग्रेस की सरकार पर जाती है, मगर विश्लेषणों को पढ़ें तो लगता है कि इरोम की बातों की अनसुनी करने के लिए दूर रालेगांव सिद्दी नाम से गांव में बैठे अन्ना और दूसरे कार्यकर्त्ता ही जिम्मेदार हैं। कांग्रेस और उसके पिट्ठुओं को निर्लज्जता के साथ ब्लैकमेल आदि के तर्क देते रहने चाहिए और आंदोलनों को शर्म से गड़े रहना चाहिए। यह भुला दिया गया कि इसी आंदोलनों में ऐसे लोग शामिल थे, जो उन दूसरे आंदोलनों में भी शामिल हे, जिनकी उपेक्षा सरकार लगातार कर रही है।

यह भी पूछा गया कि अन्ना तब कहां थे जब विदर्भ में किसान

आत्महत्या कर रहे थे? यह नैतिक चाबुक दरअसल कहीं भी फटकारा जा सकता हैं। तब आप कहां थे जब.... इसके बाद अंतहीन दुखदर्द जोड़े जा सकते है। मानो दोष उनका है जो किसी एक की तकलीफ को लेकर या किसी एक समस्या को लेकर आंदोलित हो गए। आततायी और शोषक नहीं बल्कि आंदोलनकारी जवाब दें कि या तो वे देश भर के तमाम मजलूमों के दुखदर्द के बारे में भगवान की तरह सर्वव्यापी होकर काम करें या फिर कुछ करें या फिर कुछ ही मुद्दों में अपनी ताकत लगाने के पाप के लिए शरमाते फिरें और बुद्धि के शीशमहलों में बैठे टिप्पणीबाज पूछताछ करते रहें... तब आप कहां थे? तब आप कहां थे? और अब आपकों फलाना आंदोलन करते हुए शर्म नहीं आ रही है।

जैसे मीडिया ने बाजारोत्तेजित होकर भ्रष्टाचार के खिलाफ एक छोटी सी अंगड़ाई को क्रांति और जंतर-मंतर को टीआरपी का मंतर फेर कर तहरीर चौक बना दिया, वैसे ही ब्लॉगवीर हर आंदोलनकारी के सुपरमैन होने की कल्पना के पूरा न होने पर सिनीसिज्म की तलवार भांजने लगते हैं। यह दर्द आमूलचूलवादियों का भी है। इंकलाब की कल्पना में कंपकपाते हुए वे सीमित संस्थागत सुधार के हर आंदोलन की शक्की नजर से देखने के लिए अभिशप्त हैं।

राजसत्ता की हिफाजत में सन्नद तर्कों को कभी भी इरोम शर्मिला जैसे महान संघर्ष के उपकरणवादी इस्तेमाल पर दुविधार नहीं होती। वे इरोम शर्मिला के संघर्ष की उपेक्षा का ठीकरा भी नागरिक समाज के सिर पर फोड़ना चाहते हैं। एक क्षण को वे नहीं सोचते कि शर्मिला का संघर्ष भी नागरिक समाज से सिर फोड़ना चाहते हैं। एक क्षण को वे नहीं सोचते कि शर्मिला का संघर्ष भी नागरिक समाज का हिस्सा है और वह भी उसी चुनी हुए राजसत्ता से टकरा रहा है, जिसके पक्ष में पिछले दिनों

क्रांतिकारी बौद्धिक तबका सरकार से ज्यादा सरकारी हो गया।

वैसे इन बहसों में 'अट भी मेरी पट भी मेरी' की तर्क पद्धति हावी रहती है। एक तरफ अन्ना के आंदोलन को सत्ता और राजनीतिक तंत्र के खिलाफ माना गया, दूसरी तरफ आरोप लगाया गया कि आंदोलन को सत्ता ने समिति का झुनझुना पकड़ा दिया है। एक तरफ भाजपा का एजेंट होने का आरोप, दूसरी तरफ कांग्रेस से भीतरी समझौते के आधार पर चार दिन के आंदोलन का नाटक रचने का आरोप।

मध्यवर्ग आंदोलन में न आए तो मुसीबत, चला आए तो मुसीबत। आंदोलन चार महीने खिंच जाए तो मुसीबत, चार दिन में उसकी सुन ली जाए तो मुसीबत। भ्रष्टाचार जनता के बीच मुद्दा न बन पाए तो मुसीबत, मुद्दा बन जाए तो मुसीबत। मीडिया आंदोलन का साथ न दे तो मुसीबत, साथ दे तो मुसीबत।

जिस तरह से आनन-फानन में अन्ना को भाजपा या कांग्रेस या फिर दोनों का एजेंट घोषित कर दिया गया, वैसी तर्क पद्धति को बुद्धिजीवियों के अन्ना विरोध को समझने के लिए इस्तेमाल नहीं किया जाना चाहिए। लोकतंत्र में किसी पक्ष का समर्थन करने पर उसका एजेंट घोषित किया जाना सरलीकरण है। हालांकि यह बौखलाए मन को तुरंत राहत और कुछ मजा देता है।

षडयंत्र घोषित किया जाना सरलीकरण है। हालांकि यह बौखलाए मन को तुरंत राहत और कुछ मजा देता है। षड्यंत्र सिद्धांत की अपनी मनोवैज्ञानिक उपयोगिता है। सबूतों के बगैर महज अनुमानों के आधार पर बड़ी निष्पत्तियों का सुख है। लोकतंत्र में आखिर सभी को किसी का एजेंट हुए बिना किसी न किसी पक्ष लेने या किसी का पक्ष न लेने या

किसी दूसरे पक्ष का विरोध करने की आजादी है। इसलिए अन्ना का विरोध करते हुए सरकार और व्यवस्था के स्वर मिलाए जाने के पीछे किसी साजिश को नहीं ढूंढा जाना चाहिए।

मामला मेहता जैसे विश्लेषणकर्त्ताओं के तर्कों को अचेतन रूप से कबूल करने का भी नहीं है। बल्कि राज्यवादी टिप्पणियों के पीछे लोकभावना और लोकतंत्र पर आंतरिक विश्वास की कमी ही नजर आती है।

नागरिक समाज बनाम लोकतंत्र के द्वैत का सवाल बड़े पैमाने पर उठाया गया है। क्या कोई द्वैत है। क्या नागरिक समाज और उसकी कार्रवाईयां लोकतंत्र की हद के बाहर हैं? क्या लोकतंत्र चुनाव और संसद तक सीमित है? क्या नागरिक समाज की सक्रिय पहलकदमियों के बगैर स्वस्थ लोकतंत्र की कल्पना की जा सकती है? क्या लोकतंत्र में नागरिक को हमेशा 'चुनी हुई' राजसत्ता या चुने हुए प्रतिनिधियों का पक्ष लेना चाहिए? आज के दौर में स्वयं राजसत्ता और लोकतंत्र के रिश्ते कैसे हैं?

भूमंडलीकरण के दौर के बाद एक बड़ा परिवर्तन यह हुआ है कि नवउदारवाद राजसत्ता का आंतरिक तर्क बन कर उभरा है। सवाल इस या उस पार्टी की सरकार का नहीं, सरकार मात्र का हो गया है, चाहे वह भाजपा, कांग्रेस हो या चंद्रबाबू नायडू, नवीन पटनायक, जयललिता, मायावती, बुद्धदेव भट्टाचार्य या ममता बनर्जी सभी सरकार के बाहर नवउदारवाद विरोधी और सरकार में आते ही नवउदारवाद के कहार हो जाते हैं। पिनराई विजयन के बावजूद वाम मोर्चा की सरकारों को यदि अलग कर दें तो पिछले दौर की तमाम राज्य और केन्द्र सरकारों में एक भी ऐसी नहीं बचेगी जो स्वयं भ्रष्टाचार की गंगोत्री न हो।

भारत में भ्रष्टाचार की राजनीतिक अर्थव्यवस्था के पनपने का एकमात्र कारण पूंजीवाद या औपचारिक नहीं है, जैसा कि अक्सर समझाया जाता है। तमाम पूंजीवादी देशों में भ्रष्टाचार के स्तर पर काफी फर्क है। इसके साथ के कारणों में भारत के सियासी तंत्र, कानूनी तंत्र, आधुनिक संस्थाओं में लोक की ओर से और नाम पर अभिजनों का ऐतिहासिक अधिपत्य और स्वायत्त लोकतांत्रिक संस्थाओं का सामाजिक, जातिगत, वर्गीय चौधराहटों का शिकार होना मुख्य है। लोक का प्रतिनिधि बनना, अगर जनआंदोलनों और नागरिक समाज का सक्रिय दबाव न हो, इसी ताकतवर समूह के रासरंग में भागीदारी का न्योता साबित होता है।

जाहिर है, हमारे मौजूदा लोकतंत्र में ऐसा बहुत कुछ है, जिसे चुना नहीं जाता। लोकतंत्र के और लोकतंत्रीयकरण का कार्यभार सामने है। मगर अन्ना के आंदोलन पर गैर-चुने होने का हंटर काफी चलाया गया। मजेदार बात है कि चुने हुए न होने का उलाहना देने वाले प्रतापभानु मेहता जैसे कुछ अनिर्वाचित बुद्धिजीवी स्वंय नीति-निर्माण के धंधे से जुडे हुए हैं।

कानूनों के पहले मसौदे आम तौर पर नौकरशाह बनाते हैं, जिनके आधार पर जनप्रतिनिधि बहस, संशोधन और अंततः फैसला करते हैं। कानूनों को पारित करने का हक चुने हुए प्रतिनिधियों को ही है। बहुत से अर्थव्यवस्था संबंधी कानूनों के लिए कारपोरेट घरानों और फिक्की जैसी संस्थाओं से मशविरे और प्रारूप पहुंचते हैं। राजसत्ता पर कसे गए नवउदारवादी शिंकजे के बाद विश्व बैंक और उनके बौद्धिक संस्थान भी कानूनों को मसौदा मुहैया कराते हैं और जम कर पैरवी करते हैं।

इसके अलावा देश में ही सेंटर फॉर पालिसी रिसर्च, इंस्टीट्यूट ऑफ पीस एंड कान्फलिक्ट स्टडीज जैसे थिंक टैंक हैं। विश्वविद्यालयों,

और शोध संस्थाओं से जुड़े बुद्धिजीवियों की सेवाएं भी कानून और नीति निर्माण में ली जाती हैं। ज्यादातर संस्थान राज्यवादी सोच के हैं। भाजपा जब आई तो उसने नए संस्थान बनाने और पुराने में येन-केन प्रकारेण अपने लोगों को भरने की कोशिश की थी। कानून निर्माण में नागरिक समाज के प्रतिनिधियों की भागीदारी काफी पुरानी है। यूपीए के शासन में राष्ट्रीय सलाहकार परिषद् के नाम से नया प्रयोग किया गया।

यह सब कहना इसलिए जरूरी हो गया है कि जहां तक कानून निर्माण का प्रश्न हैं, उसमें नियम के तौर पर बिना चुने हुए लोगों की भागीदारी भी होती है। हालांकि इसी बीच कुछ ऐसे संस्थान भी उभरे हैं, जो मोटे तौर पर कानून व नीति निर्माण के मामले में जनता की तरफ से पैरवी करते हैं।

सामाजिक आंदोलनों और ऐसे संस्थाओं में कुछ हद तक मुद्दा आधारित तालमेल भी होता है। इसी तरह का तालमेल कुछ शोध संस्थाओं, बुद्धिजीवियों और जनआंदोलनों के बीच होता है। वाम पार्टी का पुराना मॉडल ऐसा था कि पार्टी के पास काफी संबद्ध बुद्धिजीवी रहते हैं जो पार्टी लाइन के दायरे में नीतियां बनाने और उन पर बहस करने में पार्टी की मदद करते थे। मगर पार्टियों के आंतरिक जनतंत्र के और बुद्धिजीवी की स्वायत्तता के प्रति अवमानना, हर नेता के खुद को लेनिन मानने की जिद आदि कारणों से पार्टियों से बुद्धिजीवी काफी हद तक दूर हुए हैं।

यदि राष्ट्रीय सलाहाकार समिति को नया प्रयोग माना जा सकता है तो जनलोकपाल विधेयक के लिए बनी समिति को क्यों नहीं? कानून का मसौदा बनाने से संसद की सर्वोच्चता कहां भग होती है? सूचना का अधिकार, वनाधिकार कानून आदि का पिछला अनुभव यह रहा है कि

निहित स्वार्थी तत्व पैने कानून को भोथरा बनाने की पुरजोर कोशिश करते हैं। सूचना अधिकार में अगर नौकरशाही नें अड़ंगा लगाया तो वनाधिकार में वन विभाग, पर्यावरण पर्यटन–वन्यजीव लॉबी और कारपोरेट लॉबी ने टांग फंसाई। जनलोकपाल में भी ऐसा ही कुछ होगा, मगर इस मुद्दे के सोनिया गांधी की समिति की जगह एक सार्वजनिक आंदोलन के बाद बनी समिति से संसद तक जाने में एक फर्क यह रहेगा कि इस पर ज्यादा लोगों की नजर रहेगी। कानून निर्माण को बेजान और तकनीकी विधायी कार्रवाई होने से बचाने का एक तरीका इसमें लोगों की दिलचस्पी पैदा करना है। संसद में पेश कानूनों पर राजनीतिक दलों को जितनी दिलचस्पी लेनी चाहिए, उतनी वे नहीं ले रहे हैं। इसलिए कानून निर्माण के प्रति सार्वजनिक दिलचस्पी पैदा करना इस प्रक्रिया का राजनीतिकरण करना ही हुआ।

जनआंदोलनों के चलते और जनआंदोलनों या मतदाताओं के कानून निर्माण में दिलचस्पी लेने से लोकतंत्र कमजोर हो जाएगा, यह काफी विचित्र किस्म का तर्क है। यह जनमत, जनशक्ति जैसी व्यापक अवधारणाओं को लोकतंत्र के मात्र एक अंग विधायिका का बंधक और पिछलग्गू बना देना है। जनमत महज संसद, विधानसभाओं में हो रही बहसों का मोहताज नहीं हो सकता। नागरिक समाज को विधायी अधिकार नहीं है, मगर मत–सम्मत के निर्माण और जनशक्ति के प्रदर्शन और जनसंघर्षों के जरिए के सामने मांगे रखने और बातचीत के उसके हक की हिफाजत जरूरी है।

नागरिक समाज की व्यापक अवधारणा में ट्रेडयूनियन, संघ–संगठन–संस्थाएं, मीडिया और एक व्यक्ति के तौर पर किसी नागरिक को मिले तमाम संविधान सम्मत अधिकार शामिल हैं। इनमें ही

नागरिक का राजसत्ता के नकार और उसकी प्रताड़ना से हिफाजत का अधिकार भी शामिल है। नागरिक समाज के प्रतियोगी खुलेपन में किसी को सचमुच अपने राजनीतिक कार्यक्रम की हार का अंदेशा हो सकता है।

अन्ना के आंदोलन के विरोध में यथास्थितिवादी तर्क भी खूब उछाले गए। कोई भी नया कानून या संस्था लोकतंत्र की भावनाओं के अनुरूप होना चाहिए, यह तो ठीक है मगर यह कहना अजीब है कि अब सांस्थानिक सुधार की कोई जरूरत नहीं। यह तर्क भी दिए गए कि भ्रष्टाचार महज मध्यवर्गीय मुद्दा है। यह तक कहा गया कि आखिर भ्रष्टाचार में बुराई क्या है। स्टालिन और हिटलर भ्रष्ट नहीं थे। यह मध्यवर्ग के लिए हिस्से में ही प्रचलित तर्क है कि तानाशाही भ्रष्टाचार रहेगा ही।

कुछ शुद्धतावादी तर्क भी आए। आंदोलन में पहुंचने वालों के चरित्र को ललकारा गया? मानो किसी जनआंदोलन के परिसर में सुरक्षा जांच की तरह की भ्रष्टाचार जांच के बाद लोगों को अंदर आने की इजाजत हो। मध्यवर्ग के वर्ग चरित्र की जांच करने के पहले हमारे ट्रेडयूनियन आंदोलन नहीं होने चाहिए। असली परेशानी यह है कि देश का एक भी राजनीतिक दल ऐसा नहीं है जिस पर मध्यवर्ग का नेतृत्व हावी न हो। खाते-पीते क्रांतिकारी का एक तबका भी, जो सबसे ज्यादा दिल्ली में मुखर है, उसी वर्ग से आता है।

आज नाउम्मीदी की क्रांतिकारिता में फंसने की जगह आशा के धुंधले और मुश्किल रास्ते को चुनना जरूरी है। परिवर्तन की कोई राह 'सब चोर हैं', भ्रष्टाचार से नहीं लड़ा जा सकता' और सिनीसिज्म या दोषदर्शनवाद से आगे जाकर ही मिल सकती है। नवउदारवाद की दिन

दूनी रात चौगुनी तेजी से सिनीसिज्म और निराशा का धुंआ फैला रहा है, इसी से अराजनीति नामक बीमारी पैदा होती है, जिससे मध्यवर्ग सबसे ज्यादा संक्रमित होता है। अगर इस बीमारी मध्यवर्ग का छोटा सा हिस्सा भी जन आंदोलनों के सार्वजनिक चिकित्सा शिविरों में आकर स्वास्थ्य लाभ प्राप्त करता है तो शुभ है।

वह नवउदारवादी निजाम की मुराद है कि लोग सिनीसिज्म, विकल्पविहीनता, हर चीज के अधेरेपन की भर्त्सना में और बाकी लोगों के नैतिक पतन पर तरस खाने में मशगूल रहे। कुछ लोग यह भरम पाले बैठे हैं कि मध्यवर्ग के भाग में प्रतिक्रियावादी भूमिका ही बदी है क्योंकि आमूलचूलवादी बुद्धिजीवियों ने इसी तरह की कुंडली बनाई है हो सकता है कि मध्यवर्ग राजनीति में काफी अगर मगर और नाज नखरों के साथ आए, इसलिए उसे कोसना सरल, मगर उससे राजनीतिक संवाद कायम करना कठिन है।

नागरिक समाज खुद राजनीति की जद से बाहर नही है। यह अलग बात है कि वह निष्क्रिय राजनीति झेलता रहे और सक्रिय राजनीति में कम भागीदारी करे। यह भी याद रखना होगा कि गैर राजनीति कोई ऐसी चीज नहीं है जो राजनीति के बाहर से उपजती और पल्लवित होती हो। गैर राजनीति का जन्म जहां एक और पूंजीवादी लोकतंत्र के अधिकारों और शक्तियों के पृथक्करण के सिद्धांत और राजनीति से अर्थतंत्र की आजादी की लीला से तो दूसरी और समाजवाद के नात पर पसरे पार्टी अधिनायकवाद, दोनों से होता है।

कई बार जब दलगत राज्य में राजनीति पिट रही हो तो नागरिक समाज का न्यूनतम राजनीतिक हो जाना जरूरी होता है। नागरिक सियासी दलों से जुड़कर ही नहीं, राजसत्ता से टकराकर भी राजनीतिक होते हैं।

नागरिक समाज और दलीय राजनीति दोनों एकरूपीय नहीं हैं। दोनों के भीतर गहरे विभाजन और टकराव हैं। दोनों में परस्पर आच्छादन भी है। नरेंद्र मोदी और भाजपा चुने हुए है वहीं मेधा पाटकर और इरोम शर्मिला नागरिक समाज की लामबंदियों तक सीमित हैं। इसलिए लोकतंत्र बनाम नागरिक समाज का सरलीकृत विभाजन ठीक नहीं है।

हाल तक नागरिक समाज में कार्यकर्त्ता भाजपा के नेताओं और बौद्धिकों के निशाने पर थे, खास तौर पर धर्मनिरपेक्षता, मानवाधिकार, सामाजिक न्याय और प्राकृतिक संसाधनों के मुद्दे उठाने वाले भाजपा देश में भ्रष्टाचार के विरूद्ध आंदोलन खड़ा करने में मुख्य विपक्षी दल की हैसियत से नाकाम हुई तो इसकी वजह से उसका खुद तौर पर कर्नाटक में भ्रष्टाचार में फंसा होना है। अन्ना के आंदोलन से निश्चित ही भाजपा को उम्मीद जगी होगी कि वह इस आंदोलन से उद्वेलित होती जनता को अपने पक्ष में कर सकती है। इसलिए उनके समाज के प्रति अपने रूख को अवसरवादी ढंग से पलट लिया।

भ्रष्टाचार विरोधी जनआंदोलन में भाजपा घुसपैठ करना चाहती है तो क्या प्रगतिशील, सेकुलर ताकतों को नाराज होकर भ्रष्ट राजसत्ता का प्रहरी हो जाना चाहिए? यह लोकतंत्र में वैधीकरण और वर्चस्व की रस्साकशी के प्रति निपट ना समझी और भ्रष्टाचार विरोधी धरातल को भाजपा के हाथ सौंप देना होगा। आपातकाल के वक्त वामपंथ का एक हिस्सा सत्ता का शगिर्द होकर सत्ता विरोधी मंच को अपने हाथ से निकल जाने देने की गलती कर चुका है। सबक लेने के लिए पैंतीस बरस बहुत होते हैं।

आप आंदोलन में रहेंगें नहीं, कोई और आगे आएगा, फिर शिकायत करेंगे कि मेरी आंदोलन बिगाड़ी जा रही है। मध्यवर्ग को कोसना जरूरी

है, मगर यही करते रहने से क्या हासिल होगा? आज भी वामपंथ के पास ट्रेडयूनियनों, कर्मचारी संगठनों, छात्र, युवा संगठनों के रूप में खासी तादाद में मध्यवर्ग है? मगर संगठित क्षेत्र का मजदूर-कर्मचारी वर्ग गैर-राजनीतिक क्यों हो गया है? उसकी राजनीति वेतन बढ़वाने तक क्यों सिमट कर रह गई है? वामपंथ लोकतंत्र के सांस्थनिक सुधारों की लड़ाई में क्यों पिछड़ गया है?

मामला अन्ना विरूद्ध कांग्रेस का है भी नहीं। जनलोकपाल विधेयक में बनी समिति में भाजपा की आंखों की किरकिरी बने संतोष हेगड़े शामिल थे। मानवाधिकार और दीगर मामलों में हाल में प्रशांत भूषण भी भाजपा सरकारों के लिए दिक्कतलब रहे। वही आने वाले दिनों में अलग-अलग दलों के अमर सिंह राजनीतिकों के बीच एकजुटता बनाने का बीड़ा उठा सकते हैं। अन्ना के मोदी की तारीफ जैसे गैर-जिम्मेदार बयानों की आलोचना मुखर होकर की जानी चाहिए। मगर राजसत्ता के चहेते बन कर नहीं।

मीडिया की आलोचना और उसके बाजारवादी अतिरेक की पहचान तो जरूरी है, मगर मीडिया के निरूपण और वास्तविकता के फर्क को ओझल करने से ऐसे सरलीकरणों की तरफ जाने का खतरा है कि 'इजिप्ट में फेसबुक से क्रांति हो गई'। या मीडिया ने जादू से कोई आंदोलन पैदा कर दिया। पुराना और नया मीडिया किसी राजनीति को लार्जर दैन लाइफ तो बना सकता है, मगर वे उन सियासी अंतर्विरोध को पैदा नहीं कर सकता, जो किसी राजनीतिक घटना को जन्म देते हैं। वह भ्रष्टाचार के संरचनात्मक सच, उसमें फंसी, तड़पती जिंदगियों को पैदा नहीं कर सकता।

यह क्यों भुलाया जाता है कि जनलोकपाल विधेयक की फांस

बयालीस साल पुरानी है, जब भारत में दृश्य मीडिया शैशवकाल में था। किसी घटना को मीडिया में ही अपघटित कर देंगे तो यह मीडिया की सर्वशक्तिमत्ता का प्रचार ही होगा। एक स्तर पर ब्लॉग, फेसबुक, मीडिया, फिल्म सभी पापुलर संस्कृति हैं। पापुलर में या मध्यवर्ग में या मीडिया में विचारों और मूल्यों का संघर्ष अभी खत्म नहीं हुआ है। जिन्हें लगता है खत्म हो गया है, वे सचमुच मीडिया के शिकार हो गए हैं।

9

अन्ना की लहर की लपेट में भारत सरकार

यह देशवासियों के भारी समर्थन की ही देन थी कि जिस दिल्ली पुलिस और केन्द्र सरकार ने प्रख्यात गांधीवादी अन्ना हजारे को छिटपुट धाराओं में गिरफ्तार किया था वह जनता का मूड भांप कर अन्ना को निजी मुचलके पर छोड़ने के लिए तैयार भी हो गई थी पर अन्ना नहीं माने।

उधर सामाजिक कार्यकर्त्ता अन्ना हजारे को 16 अगस्त मंगलवार को हिरासत में लिए जाने के थोड़ी ही देर बाद उनके समर्थन में छत्रसाल स्टेडियम के बाहर हुजूम उमड़ पड़ा। कुछ लोग अन्ना हजारे के समर्थन में अपनी आवाज बुलंद करने आए थे, तो कुछ लोगों को हिरासत में लिए जाने के बाद वहां लाया गया था।

देश भर में 16 अगस्त 2011 मंगलवार को सामाजिक कार्यकर्त्ता अन्ना हजारे के आह्वान का ऐसा असर दिखा कि सुबह 7:20 बजे उन्हें हिरासत में लेने वाली दिल्ली पुलिस को जनता के भारी दबाव के आगे झुकते हुए महज 12 घंटों के भीड़ की रिहाई के आदेश जारी करने पड़े। हालांकि इसके बाद भी दिन भर चले घटनाक्रमों का पटाक्षेप नहीं हो सका। अन्ना हजारे ने तब तक तिहाड़ जेल छोड़ने से इंकार कर दिया

है जब तक कि उन्हें जयप्रकाश नारायण पार्क में बगैर प्रतिबंधों के अनशन करने की अनुमति नहीं दे दी जाती।

सरकारी लोकपाल विधेयक खारिज करने और जन लोकपाल विधेयक लाने का मांग को लेकर जयप्रकाश नारायण उद्यान में धारा 144 लागू होने के बावजूद अनशन आरंभ करने निकले अन्ना हजारे को मंगलवार सुबह 7:20 बजे मयूर बिहार स्थित सुप्रीम एन्क्लेव से शांति भंग होने की आंशका के मद्देनजर दिल्ली पुलिस ने हिरासत में ले लिया।

बाद में निजी मुचलका देने और जमानत लेने से इंकार करने पर उन्हें सात दिनों के लिए न्यायिक हिरासत में लेकर तिहाड़ जेल भेज दिया गया। देश में जबरदस्त विरोध प्रदर्शनों का दौर देख हिली सरकार को कुछ घंटों के बाद ही अन्ना हजारे व उनके समर्थकों की रिहाई के आदेश देने पड़े। लेकिन अन्ना कहां ऐसे मानने वाले थे।

रिहाई का आदेश आने के बाद अन्ना हजारे तिहाड़ जेल के उस प्रकोष्ठ से तो बाहर निकले लेकिन वह तिहाड़ परिसर से बाहर निकलने को तैयार नहीं हुए।

अन्ना हजारे के करीबी सहयोगी मनीष सिसौदिया के मुताबिक, "अन्ना हजारे ने तब तक तिहाड़ जेल से बाहर आने से मना कर दिया है जब तक कि उन्हें जयप्रकाश नारायण राष्ट्रीय उद्यान में बगैर किसी शर्त के अनशन की अनुमति नहीं दे दी जाती है।"

उन्होंने कहा, "अन्ना हजारे और अरविंद केजरीवाल का अनशन जेल के भीतर जारी है। मैं इसलिए बाहर आ गया हूं ताकि लोगों को इस संबंध में जानकारी दी जा सके।"

सिसौदिया के साथ जेल से बाहर आई किरण बेदी के अनुसार अन्ना हजारे ने जे.पी.पार्क में अनशन की अनुमति मिलने तक तिहाड़ जेल छोड़ने से इंकार दिया है। बेदी ने कहा कि अन्ना हजारे चाहते हैं कि उनके अनशन पर प्रतिबंध न लगे। अपनी रिहाई के बाद उनकी योजना जे.पी.पार्क में अनशन जारी रखने की है। बेदी ने कहा कि अन्ना हजारे यह भी चाहते हैं कि अनशन स्थल से धारा 144 हटा लिया जाए।

इस बीच अन्ना हजारे को जेल के प्रकोष्ठ से रिहा कर दिया गया है लेकिन वह बिना शर्त रिहाई के लिए जेल के वरिष्ठ अधिकारियों के साथ बातचीत कर रहे हैं।

तिहाड़ जेल के एक प्रवक्ता ने कहा, "अन्ना हजारे बिना शर्त रिहाई की मांग कर रहे हैं, जिसका अर्थ है जेल परिसर से बाहर निकलने के बाद वह जहां चाहें वहां जा सके। लेकिन शहर में कानून एवं व्यवस्था की स्थिति बिगड़ने की आंशका के मद्देनजर हम उन्हें इसकी इजाजत नहीं दे सकते।"

दरअसल, सिर्फ 12 घंटों के भीतर ही सरकार को यू-टर्न इसलिए लेना पड़ गया क्योंकि अन्ना हजारे को हिरासत में लिए जाने के बाद पूरे देश में जबरदस्त विरोध प्रदर्शनों का दौर शुरू हो गया। उनके गांव रालेगांव सिद्धि से लेकर राजधानी दिल्ली तक लोग सड़कों पर उतर गए और सरकार विरोधी नारे लगाने लगे। दिल्ली में 1300 से 1400 लोगों को हिरासत में लिया गया है।

उन्हें दिल्ली पुलिस ने दंड प्रक्रिया संहिता की दो धाराओं- धारा 107 और 151 के तहत गिरफ्तार किया।

अन्ना हजारे को रिहा किए जाने की मांग को लेकर लोगों ने अपने

–अपने तरीकों से देश भर में जगह–जगह अहिंसक प्रदर्शन किया। अन्ना हजारे के सहयोगी प्रशांत भूषण ने जनता से अपील की थी कि दिल्ली पुलिस की कार्रवाई के विरोध में बुधवार को इंडिया गेट से संसद भवन तक जुलूस निकाली जाएगी और वे इसमें भारी संख्या में अपनी उपस्थिति दर्ज कराएँ।

अन्ना हजारे को हिरासत में लिए जाने का असर संसद में भी दिखा। समूचे विपक्ष ने पूरे घटनाक्रम को कार्यकाल जैसा करार दिया। दोनों सदनों में विपक्षी दलों के हंगामे के कारण कोई कामकाज नहीं हो सका और सुबह 11 बजे तक स्थगित कर दी गई। एकजुट विपक्षी दल ने इस मुद्दे पर प्रधानमंत्री मनमोहन सिंह को बयान देने की मांग की।

नई दिल्ली के छत्रसाल स्टेडियम के बाहर लगभग पांच हजार लोग जमा हो गए। तमाम लोगों के सिर पर गांधी टोपी और हाथ में तिरंगा था। कुछ ने अपने चेहरे पर तिरंगा बना रखा था।

एक कम्पनी में कार्यरत युवा कार्यकारी, स्वाति कुमारी ने कहा, "मैं पटना से आई हूं और अन्ना के समर्थन में सुबह ही जे.पी.पार्क पहुंच गई थी। वहां पुलिस ने कई अन्य लोगों के साथ मुझे हिरासत में ले लिया और यहां लेकर आई।"

अन्नाके समर्थन में उत्तर प्रदेश से आए श्रवण कुमार ने सवाल किया, "अन्ना के घर के बाहर कोई निषेधाज्ञा लागू नहीं था। फिर उन्हें वहां से क्यों हिरासत में लिया गया?"

कुमार ने कहा, "सरकार और पुलिस को कोई अधिकार नहीं है कि वह किसी व्यक्ति को शांतिपूर्ण विरोध प्रदर्शन से रोके। यह हमारे अधिकारी का हनन हैं।"

दिल्ली विश्वविद्यालय के विद्यार्थी संजीव मिश्रा ने कहा, "यह चर्चा थी कि अन्ना हजारे को छत्रसाल लाया जाएगा, इसलिए हम यहां उन्हें यह बताने आए थे कि हम उनके साथ हैं। यह केवल उनकी लड़ाई नहीं है, यह हमारी लड़ाई है।"

उधर सामाजिक कार्यकर्त्ता अन्ना हजारे की गिरफ्तारी के विरोध में कर्नाटक की राजधानी बेंगलुरू में मंगलवार को सैकड़ों की संख्या में लोग जमा हुए और उन्होंने दिल्ली पुलिस की इस कार्रवाई की निंदा की और विरोध प्रदर्शन किया।

कर्नाटक के पूर्व लोकायुक्त एन.संतोष हेगड़े ने शहर के मध्य फ्रीडम पार्क में उपस्थित जनसमूह को सम्बोधित करते हुए कहा, "इस तरह की गिरफ्तारियां से भ्रष्टाचार के खिलाफ और जन लोकपाल के समर्थन में लड़ाई का अंत नहीं हो सकता।"

समाज के विभिन्न वर्ग के लोगों ने शहर में विभिन्न स्थानों पर अन्ना हजारे की गिरफ्तारी के खिलाफ प्रर्दशन किया। प्रदर्शन करने वालों में विद्यार्थी, लेखक, घरेलू महिलाएं, किसान संगठनों के प्रतिनिधि शामिल थे।

हेगड़े ने कहा, "सरकार द्वारा किसी एक व्यक्ति की गिरफ्तारी से भ्रष्टाचार के खिलाफ प्रदर्शन किया। प्रदर्शन करने वालों में विद्यार्थी, लेखक, घरेलू महिलाएं, किसान संगठनों व कन्नड़ समर्थक संगठनों के प्रतिनिधि शामिल थे।

ज्ञात हो कि हेगड़े लोकपाल विधेयक तैयार करने वाली समिति में नागरिक समाज के पांच प्रतिनिधियों में शामिल रहे हैं। इस समिति का गठन इसके पहले जंतर मंतर पर अन्ना हजारे द्वारा चार दिनों तक किए

गए अंनशन के बाद किया गया था।

रांची से फेस एन फैक्ट्स संवाददाता के मुताबिक झारखंड के मुख्यमंत्री अर्जुन मुंडा ने गांधीवादी सामाजिक कार्यकर्ता अन्ना हजारे की गिरफ्तारी को लोकतंत्र के लिए खतरनाक और लोकतांत्रिक व्यवस्था के लिए खतरा बताया।

मुंडा ने संवाददाताओं से बातचीत में कहा, "अन्ना हजारे को गिरफ्तार किया जाना लोकतंत्र के लिए खतरनाक है। इस देश में हर किसी को विरोध प्रदर्शन करने का अधिकार है और सरकार का आज का कदम अलोकतांत्रिक है। यह लोकतांत्रिक व्यवस्था के लिए खतरे का संकेत है।"

हजारे के समर्थन में झारखंड के जमशेदपुर और हजारीबाग जैसे कई जिलों में लोग सड़कों पर उसका विरोध किए। प्रदर्शन में सयुक्त प्रगतिशील गठबंधन सरकार के पुतले जलाए। 'अन्ना फ्रेंड्स' के कार्यकर्ताओं ने उनकी रिहाई को लेकर हस्ताक्षर अभियान भी शुरू कर दिया था।

इस विरोध प्रदर्शन में भारतीय क्रिकेट टीम के कप्तान महेंद्र सिंह धोनी ने भी हिस्सा लिया।

कोलकता से फेस एन फैक्ट्स संवाददाता के मुताबिक सामाजिक कार्यकर्ता अन्ना हजारे की नई दिल्ली में गिरफ्तारी के खिलाफ अपना विरोध दर्ज करने के लिए कोलकाता में मंगलवार को सभी वर्गों के लोग सड़कों पर उतर आए।

अंग्रेजी (आनर्स) के द्वितीय वर्ष के छात्र रोमिला ने कहा, "हम

अन्ना हजारे और भ्रष्टाचार के खिलाफ उनके संघर्ष का समर्थन करते हैं।"

प्रदर्शनकारियों ने कांग्रेस के नेतृत्व वाली केंद्र की संयुक्त प्रगतिशील गठबंधन सरकार के खिलाफ नारे लगाए। अपने दफ्तर जा रहे स्वप्न कर्मकार पार्क स्ट्रीट इलाके में प्रदर्शन स्थल पर खड़े थे। उन्होंने एक कागज पर हस्ताक्षर कर अपना विरोध दर्ज कराया। हजारा, पार्क स्ट्रीट और श्यामबाजार सहित कोलकाता के कई हिस्सों में प्रदर्शन किया गया।

अन्ना हजारे की गिरफ्तारी की खबर जैसे ही फैली, विभिन्न कालेजों के छात्र गिरफ्तारी के खिलाफ अपना विरोध दर्ज कराने के लिए सड़कों पर उतर आए।

65 वर्षीय सेवानिवृत्त शिक्षण बरूण दास ने कहा, "हम लोकतांत्रिक देश में रहते हैं और यह लोकतंत्र का चेहरा नहीं है। यह आपातकाल का एक पूर्वाभ्यास है।"

गांधीवादी सामाजिक कार्यकर्ता अन्ना हजारे के समर्थन में उस दिन लखनऊ में सामाजिक कार्यकताओं ने आमरण अनशन शुरू किया।

सख्त लोकपाल विधेयक की मांग को लेकर 16 अगस्त से अनशन पर जाने का ऐलान करने वाले अन्ना हजारे को समर्थन देने के लिए यहां के झूलेलाल पार्क में पांच सामाजिक कार्यकर्त्ता अखिलेश सक्सेना, मुन्नालाल शुक्ला, पुरूषोतम, हिमांशु कुमार और नीलम इंदू सिंह आमरण अनशन पर बैठे।

स्वंयसेवी संगठन इंडिया अगेन्स्ट करप्शन के बैनर तले आमरण अनशन पर बैठे सक्सेना ने कहा, "भ्रष्टाचार को जड़ से मिटाने का समय आ गया है। भ्रष्टाचार के खिलाफ मुहिम चलाने वाले अन्ना हजारे

का हम सभी को समर्थन करना चाहिए।"

उन्होंने कहा, "हमने निश्चय किया है कि जब तक केन्द्र सरकार अन्ना को रिहा करके उसके मांगे नहीं मानती, तब तक हमारा अनशन जारी रहेगा।"

इन सामाजिक कार्यकताओं के साथ समाज के विभिन्न वर्गो के लोग अनशन में शामिल होकर अपना बल दे रहे हैं। अनशन पर बैठे लोगों ने कहा कि केंद्र सरकार ने अन्ना हजारे और उनके सहयोगियों को गिरफ्तार कर अधिकारों का हनन किया है।

इंडिया अगेन्स्ट करप्शन

इंडिया अगेन्स्ट करप्शन लखनऊ के आर.के.अग्रवाल ने संवाददाताओं से कहा कि छात्र, व्यापारी, शिक्षक, अधिवक्ता और वरिष्ठ नागरिक लगातार अनशन स्थल पर पहुंचकर भ्रष्टाचार के खिलाफ मुहिम छेड़ने वाले अन्ना हजारे को अपना समर्थन दे रहे हैं।

उल्लेखनीय है कि प्रदेश के अन्य हिस्सों में भी लोग भ्रष्टाचार के खिलाफ अन्ना हजारे की मुहिम के समर्थन में अनशन कर रहे हैं।

चंडीगढ़ से फेस एन फैक्ट्स संवाददाता के मुताबिक पंजाब में सत्ताधारी शिरोमणि अकाली दल ने सामाजिक कार्यकर्ता अन्ना हजारे की गिरफ्तारी के लिए कांग्रेस नेतृत्व वाली केन्द्र की संयुक्त प्रगतिशील गठबंधन सरकार की उस दिन को निंदा की।

पार्टी अध्यक्ष सुखबीर सिंह बादल ने कहा कि केंद्र सरकार की कार्रवाई आपातकाल की याद दिलाती है। बादल राज्य के उपमुख्यमंत्री भी हैं।

बादल ने यहां जारी एक बयान में कहा कि अन्ना हजारे और उनके दल के प्रमुख लोगों को राष्ट्रीय राजधानी दिल्ली में भ्रष्टाचार विरोधी जन लोकपाल विधेयक के समर्थन में अनशन शुरू करने से पहले ही मंगलवार को हिरासत में ले लिया गया।

हिरासत में लिए जाने में पहले ही रिकॉर्ड किए गए एक संदेश में अन्ना हजारे ने कहा, "मेरी गिरफ्तारी के बाद इस आंदोलन को मत रूकने दीजिए। यह आजादी की दूसरी लड़ाई है। पूरा विश्व जानता है कि भ्रष्टाचार किस कदर अपना पांव जमा चुका है।"

अन्ना हजारे ने कहा, "मैं आपसे अपील करता हूं कि इस आंदोलन में किसी तरह की हिंसा न होने पाए। मैं युवा और बुजुर्ग लोगों से अपील करता हूं कि यदि जेल भरो आंदोलन की आवश्यकता पड़े तो आप अपने को समर्पित कीजिए।"

कर्नाटक के पूर्व लोकायुक्त संतोष हेगड़े ने अन्ना हजारे की गिरफ्तारी को दुर्भाग्यपूर्ण बताया। किरण बेदी को राजघाट से हिरासत में लिया गया। इसके बाद उन्होंने कहा, "जब अन्ना ने पुलिसकर्मियों से पूछा कि उन्हें किस आरोप में हिरासत में लिया जा रहा है। तो पुलिस ने कहा कि उन्हें ऐसा करने का आदेश दिया गया है। इस तरह के हथकंडे आपातकाल के दौरान अपनाए गए थे।"

अन्ना हजारे की गिरफ्तारी से उभरे राजनीतिक घटनाक्रम पर चर्चा हुई। राजनीतिक मामलों की कैबिनेट कमेटी की बैठक के बाद केंद्रीय सूचना एवं प्रसारण मंत्री अम्बिका सोनी ने कहा, "पुलिस किसी राजनीतिक दबाव में नहीं हैं। पुलिस स्वतंत्र रूप से काम कर रही है।"

सोनी ने कहा, "मैं मानती हूं कि अन्ना के समर्थक हिंसा नहीं

करेंगे, लेकिन इस बात की गारंटी कौन दे सकता है कि प्रदर्शनकारी हिंसा नहीं करेंगे और सम्पत्ति को या किसी की ज्ञान की नुकसान नहीं पहुंचाएँगे? ;

इसके बाद सरकार की स्थिति साफ करने की जिम्मेदारी सबसे वरिष्ठ मंत्रियों ने संभाली। केन्द्रीय वित्त मंत्री प्रणब मुखर्जी ने कहा, "स्वतंत्र देश में प्रदर्शन का अधिकार हर किसी को है, लेकिन इसका तरीका होता है। प्रदर्शन हर व्यक्ति का वैध अधिकार है, लेकिन कुछ नियम और कानून भी हैं।"

इसके बाद केन्द्रीय गृह मंत्री पी.चिदम्बरम ने कहा कि संप्रग सरकार शांतिपूर्ण प्रदर्शन के लोकतांत्रिक अधिकार के खिलाफ नहीं है। लेकिन दुनिया के किसी भी देश में बिना शर्तो के प्रदर्शन की अनुमति नहीं है। दिल्ली में कानून व्यवस्था बनाए रखना एक चुनौती है और इसी आधार पर पुलिस ने उक्त फैसला लिया।

अन्ना हजारे की गिरफ्तारी के बाद वरिष्ठ अधिवक्ता प्रशांत भूषण ने कहा कि इस अवैध गिरफ्तारी के खिलाफ सर्वोच्च न्यायालय का दरवाजा खटखटाया जाएगा।

10

कांग्रेस का दिग्विजय विचार

कांग्रेस के राष्ट्रीय महासचिव दिग्विजय सिंह उन दिनों बहुत मुखर और प्रखर रहे। ऐसा लगता था कि संगठन के केन्द्रीय नेतृत्व में उनके अतिरिक्त अब कोई नेता सक्रिय नहीं है। दिग्विजय आजमगढ़ में अल्पसंख्यकों के मुकदमों के सिलसिले में न्याय युद्ध करने का चोला ओढ़ लेते हैं। संघ परिवार को अभियुक्त बनाने के लिए वे शहीद इंस्पेक्टर शहीद हेमन्त करकरे से अपनी निकटता और वार्तालाप छिपाते नहीं हैं, भगवा आतंकवाद जैसा रंगीन शब्द गढ़कर वे उस पर तिरंगे झंडे की वरीयता को चस्पा करना है, संघ परिवार के सदस्यों पर मानहानि का मुकदमा करने में भी उन्हें गुरेज नहीं है। दक्षिणपंथी प्रतिक्रियावादियों और वकीलों की धमकी से वे नहीं डरने का ऐलान करते हैं।

कांग्रेस में दिग्विजय सिंह राहुल गांधी के भविष्य के प्रस्तोता की तरह प्रस्तुत हो गए हैं। कांग्रेस के दफ्तर में उनके पास ही सबसे ज्यादा भीड़ होती है। उनके ठहाके राजनीतिक प्रतिद्वंद्वियों को अट्टहास की बर्छी की तरह लगते हैं, मध्यप्रदेश की राजनीति में अपने गुरू अर्जुनसिंह सहित शुक्ल बंधुओं, मोतीलाल बोरा, माधवराव सिंधियाँ और कमलनाथ

वगैरह से दिग्विजय को कभी खौफ नहीं हुआ, उन्होंने आदिवासियों, दलितों और पिछड़े वर्गों के बीच अपनी लगातार पैठ बनाए रखी।

उद्योगपतियों और पूंजीपतियों पर दिग्विजय की मेहरबानी बहुतों को पता नहीं होगा। उन पर भ्रष्टाचार के मुकदमें भी कायम हैं। सुविधानुसार वे अपने छोटे भाई को भाजपा में आयात निर्यात करते रहते हैं। राघोगढ़ के मध्यभारत के इलाके में नेतृत्व अब तक उनके सामंतवादी परिवार के पास ही है। उनके लिए लोकतंत्र का यही सच्चा अर्थ है।

हाल की राजनीति में दिग्विजय सिंह की जन लोकपाल अधिनियम का प्रारूप बनाने वाली समिति के सिविल सोसायटी के पांच सदस्यों से बदमजगी दिखी है। आगे अरविन्द केजरीवाल का ही श्रेय होगा कि कांग्रेस का यह नया महाबली उन्हें भी अपनी वाचाल कांख में दबाकर ले उड़ेगा। अच्छा हुआ स्वामी अग्निवेश, किरण बेदी और मेधा पाटकर जैसे लोग प्रारूप समिति में नहीं आए। स्वामी रामदेव की खोज खबर तो दिग्विजय सिंह पहले से ही ले चुके हैं।

एक चतुर शिकारी की तरह कांग्रेस के सबसे चपल और वाचार नेता ने बूढ़े वकील शांति भूषण पर यकबयक शाब्दिक हमला कर दिया। मीडिया के चहेते दिग्विजय का तीर सही निशाने पर बैठा। दिग्विजय जानते थे और शांति भूषण भूल गए थे कि वकील गवाहों से तो अच्छी जिरह कर सकता है, लेकिन जब उससे प्रतिपरीक्षण किया जाए तो वह मुल्जिम बयान की तरह बोलने लगता है।

शांति भूषण पर फिलहाल कुछ जमा तीन आरोप हैं।

1. इलाहाबाद में जो भूमि और मकान उन्होंने खरीदा है, उसमें स्टांप शुल्क लागू नियम के विपरित कम दिया गया है।

2. एक विवादास्पद और बहुल संस्करण की सीडी में शांति भूषण को भारतीय राजनीति के बहुचर्चित नेता अमर सिंह के साथ बैठकर उत्तरप्रदेश के पूर्व मुख्यमंत्री मुलायम सिंह यादव से सुप्रीम कोर्ट के किसी न्यायाधीश का नाम लेकर काम करा देने जैसी पेशकश सव्यय कराने का कथित उल्लेख है।

3. उत्तर प्रदेश के नोएडा में शांति भूषण और उनके वकील बेटे जयंत भूषण को मायावती सरकार से सरकारी योजना के तहत बहुत सस्ती दरों पर फॉर्म हाउस के लिए भूखंड मिला है।

अभी यह निश्चित नहीं है कि कांग्रेस के सबसे चपल धनुर्धर के तरकश में और भी तीर होंगे या नहीं। स्टांप शुल्क की कमी अधिनियम के तहत एक तकनीकी मामला है। ऐसे तकनीकी पर अपवंचन को दिग्विजय की भाषा में चोरी नहीं कहा जा सकता। मुनासिब स्टांप शुल्क नहीं देने वाले के बराबर नहीं लेने वाले का भी उत्तरदायित्व बनता है। यह मामला इसलिए बहुत तूल देने का लायक नहीं है। अधिकतम इस मामले की सक्षम अधिकारियों द्वारा जांच की जानी चाहिए। ऐसी मांग मुनासिब लग सकती थी।

विवादास्पद सीडी में निजी प्रयोगशाला की राय है कि उसमे छेड़छाड़ की गई है और सरकारी प्रयोगशाला के अनुसार नहीं। जब तक इस प्रकरण का निराकरण वैज्ञानिक और कानूनी आधारों पर नहीं हो जाता, तब तक शांति भूषण का प्रारूप समिति से अलग रखने की दिग्विजय की मांग नैतिक जरूर हो सकती है। यदि भारत की विधायिकों से उन सभी सदस्यों के इस्तीफे लिए जाए जिन पर अपराध करने का आरोप हैं लेकिन प्रकरण लंबित हैं। क्रांति तो होनी चाहिए लेकिन पड़ोसी के घर से-ऐसा दिग्विजय सिंह का अव्यक्त संदेश है।

यदि सीडी असल सिद्ध हो जाए तो शांति भूषण के दंडित होने की भी संभावना होगी। लेकिन केवल सरकारी प्रयोगशाला की रिपोर्ट के आधार पर हड़बड़ी में निष्कर्ष पर पहुचंना भी उचित नहीं होगा क्योंकि दिल्ली और केन्द्र में कांग्रेस की ही तो सरकारें हैं।

नोएडा का भूखंड प्रकरण निस्संदेह गंभीर है। यह सही है कि शांति भूषण परिवार ने विवेकाधीन कोटे के तहत आवेदन नहीं किया था। यह भी उतना सही है कि उन्हें मालूम था कि भूखंड उन्हें बिना किसी सार्वजनिक प्रक्रिया के सरकार द्वारा दे दिए गए हैं। इस वकील परिवार ने अदालतों में सैकड़ों ऐसे मुकदमें लड़े होगें, जिनमें उन्होंने खुद कहा होगा कि सरकारी संपत्तियां बिना किसी पारदर्शी प्रक्रिया के आंवटित नहीं होनी चाहिए।

शांति भूषण का यह तर्क खारिज कर देने लायक है कि उन्हें प्रक्रिया के संबंध में कोई जानकारी नहीं दी गई थी। भूखंड आंवटित होने की सूचना मिलने पर उन्होंने अग्रिम राशि क्यों जमा की? उन्हें बिना किसी जांच या जानकारी के भूखंड तो चाहिए था। उनका यह तर्क भी बेमानी है कि यदि कोई अन्य व्यक्ति आपत्ति करे तो वे ऐतराज नहीं करेंगे, भले ही आवंटन निरस्त हो जाए। लेकिन खुद होकर ऐतराज नहीं करेंगे। एक अरबपति वकील परिवार के लिए भूमि का इतना मोह वांछनीय नहीं है। यदि ऐसा दिग्विजय कहते हैं तो गलत क्या है।

शांति भूषण और प्रशांत भूषण को आरोपित करने के साथ-साथ दिग्विजय ने एक अन्य सदस्य संतोष हेगड़े पर अनावश्यक कटाक्ष कर दिए। हेगडे सुप्रीम कोर्ट के सेवानिवृत्त न्यायाधीश और वर्तमान में कर्नाटक के लोकपाल हैं। कर्नाटक के मुख्यमंत्री येदियुरप्पा और रेड्डी बंधुओं द्वारा खदानों की अवैध खुदाई और लौह अयस्क के गैर कानूनी

निर्यात आदि को लेकर हेगड़े ने कानून सम्मत कार्यवाही की लेकिन राज्य सरकार ने उनसे सहयोग नहीं किया।

जब न्याय का फंदा येदियुरप्पा की गर्दन को कसने को तत्पर हुआ तो मुख्यमंत्री ने लोकायुक्त को धता बताने के लिए विधानसभा में बहुमत के आधार पर जांच की वैकल्पिक मशीनरी ईजाद करनी शुरू की। इसमें जांच कमीशन अधिनियम का प्रयोग भी शामिल है। यह बात दिग्विजय सिंह को मालूम थी। फिर भी उन्होंने कहा कि कर्नाटक का लोकायुक्त कानून सबसे बेहतर होने के बावजूद हेगड़े कुछ क्यों नहीं कर पाए।

कर्नाटक सहित दिल्ली, उत्तरप्रदेश और राजस्थान वगैरह के लोकायुक्त कानूनों की कुछ धाराएं भी प्रभावशाली है। राज्य सत्ता यदि लोकायुक्त के काम में टांग अड़ाए तो लोकायुक्त को असीमित अधिकार कहां हैं? लोकायुक्त संगठन को लेकर दिग्विजय सिंह से कई सवाल किए जा सकते हैं। पहला तो यह कि उनके ही विवेक के कारण देश में मंत्रियों के विरूद्ध राज्य के लोकायुक्त की रिपोर्टों पर कार्यवाही करने के राज्यपाल के संवैधानिक अधिकारों संबंधी व्याख्या सुप्रीम कोर्ट को देनी पड़ी है।

इंदौर विकास प्राधिकरण की साढ़े सात एकड़ जमीन भूमि धारकों को वापस देने के दिग्विजय मंत्रिमंडल के सदस्यों राजेन्द्र कुमार सिंह और बी.आर.यादव के आदेशों को लोकायुक्त जांच रिपोर्ट में भ्रष्टाचार का दोषी पाया गया। अधिनियम के प्रावधानों के अनुसार लोकायुक्त ने मुख्यमंत्री से प्रकरण दायर करने हेतु स्वीकृति मांगी। मुख्यमंत्री दिग्विजय सिंह की अगुआई में मंत्रिपरिषद् ने अपने दोनों सहयोगियों को निर्दोष करार दिया और लोकायुक्त की मांग अस्वीकृत कर दी। इसके बाद

लोकायुक्त ने राज्यपाल से अनुमति मांगी जो मिल गई।

मध्यप्रदेश सरकार और दोनों मंत्रियों ने मध्य प्रदेश उच्च न्यायालय में राज्यपाल और लोकायुक्त के कृत्य को चुनौती दी। पहले एकल पीठ और बाद में डिवीजन बेंच ने राज्यपाल द्वारा दी गई स्वीकृति को निरस्त कर दिया। मध्यप्रदेश के लोकायुक्त सुप्रीम कोर्ट के सेवानिवृत्त न्यायाधीश फैजानुद्दीन थे। लोकायुक्त पुलिस संगठन ने सुप्रीम कोर्ट में अपील की। सुप्रीम में मामला पांच सदस्यीय संविधान पीठ के सुपुर्द किया गया। संविधान पीठ ने हाई कोर्ट के आदेशों को उलट दिया और मंत्रियों के विरूद्ध अभियोजन की स्वीकृति दे दी। दिग्विजय के दोनों सहयोगी राजनीति से स्थायी रूप से बहिष्कृत हो गए।

देश यह जानना चाहेगा कि सुप्रीम कोर्ट की जिस संविधान पीठ ने दिग्विजय सरकार के लिए असुविधाजनक निर्णय किया उसकी अध्यक्षता न्यायमूर्ति संतोष हेगड़े ने की थी। हेगड़े के विरूद्ध कटाक्ष करते समय क्या दिग्विजय सिंह को संविधान पीठ का फैसला याद नहीं रहा होगा? यह अलग बात है कि उन्होंने यह सुनकर कि उनके आरोप के कारण संतोष हेगड़े प्रारूप समिति से हट सकते हैं, उनसे माफी भी मांग ली है।

मध्यप्रदेश में लोकायुक्त का कानून 1981 में बना। दिग्विजय 1993 से 2003 तक मध्यप्रदेश के मुख्यमंत्री थे। क्या वे देश को बताएंगे कि उन्होंने अपने मुख्यमंत्री काल में लोकायुक्त कानून को कर्नाटक जैसे कानूनों की शैली में डालने के लिए क्या प्रयत्न किए हैं? क्या देश को वे बता सकते हैं कि उनके मुख्यमंत्री काल में कितने अधिकारियों को लोकायुक्त जांच की वजह से जेल की हवा खानी पड़ी है?

मध्यप्रदेश के लोकायुक्त कानून का छत्तीसगढ़ में कचूमर निकाल दिया गया। सांप से यदि जहर निकाल दिया जाए और जानवरों को सर्कस के पिजड़े में बंद कर दिया जाए तो उससे खौफ पैदा नहीं होता। बच्चों तक का मनोरंजन होता है।

कांग्रेसी मुख्यमंत्री अजीत जोगी के नेतृत्व में देश का सबसे सड़ा और लचर लोकायुक्त कानून छत्तीसगढ़ में बनाया गया जिसे भाजपा ने भी अपनी सुविधा के लिए कायम रखा है।

अपनी करारी पराजय के बाद दिग्विजय सिंह ने दस वर्षों तक कोई भी सरकारी पद नहीं लेने का सरकारी ऐलान किया है। उनका वनवास एक दो वर्षों में खत्म भी हो सकता है। अन्ना हजारे के सहयोगियों का उपहास उड़ाने के बदले कांग्रेस के सबसे शक्तिशाली महासचिव ने केन्द्र में लोकपाल कानून बनाने की अपने स्तर पर क्या पहल की है? इसके समानांतर उन्होंने कांग्रेस शासित राज्यों में लोकायुक्त कानूनों के असरहीन और गिरे टूटे प्रावधानों को जनोन्मुख बनाने की कवायदें क्यों नहीं करवाई। ऐसे में यदि अन्ना हजारे जैसे कोई सीधा साधा ग्रामीण परिवेश का जननेता भ्रष्टाचारियों के खिलाफ जीवन भर संघर्ष करता रहा हो, तो केवल प्रारूप बनाने के बाद उसके साथियों के चेहरों का कार्टून बनाने के बदले यह महान राजनीतिक चित्रकार वैचारिक कला कृतियां क्यों नहीं बनाता।

इसमें कोई शक नहीं है कि अपनी मासूमियत, सादगी और संभवतः राजनीतिक अव्यावहारिकता के चलते अन्ना हजारे ने नरेन्द्र मोदी और नीतीश कुमार जैसे गैर कांग्रेसी मुख्यमंत्रियों के प्रशासन की तारीफ कर दी। नीतिश वैसे भी समाजवादी पृष्ठभूमि के हैं। भले ही फिलहाह भाजपा से संयुक्त हों। भाजपा के लोग वैसे भी जयप्रकाश

नारायण के आंदोलन के वक्त जनता पार्टी में शामिल तो हो ही गए थे। दिग्विजय नीतिश की अन्ना हजारे की गई तारीफ पर टिप्पणी नहीं कर सकते थे। कोई कांग्रेसी नहीं कर सकता, क्योंकि अबूझ राजनीतिक कारणों से खुद राहुल गांधी ने नीतिश की तारीफ की है।

निस्संदेह नरेन्द्र मोदी सांप्रदायिक राजनीति के प्रचारित प्रणेता हैं। इसलिए दिग्विजय को फिर नरेन्द्र मोदी पर अन्ना हजारे के जन लोकपाल आंदोलन की आड़ में हमला बोलना पड़ा। दिग्विजय कहते हैं कि नरेन्द्र मोदी ने गुजरात में अब तक लोकपाल अधिनियम क्यों नहीं बनाया।

इसके बरक्स अरूण जेटली कह चुके हैं कि लोकपाल चयन समिति की बैठकों में पिछले सात आठ वर्षों से कांग्रेस के नेता प्रतिपक्ष उपस्थित ही नहीं हो रहे हैं। देश जानना चाहेगा कि इस संबंध में सच्चाई क्या है।

दिग्विजय अन्ना हजारे जैसे भले व्यक्ति को उत्तरप्रदेश की मायावती सरकार के विरूद्ध सत्याग्रह करने का न्यौता बल्कि चुनौती देते हैं। कोई पूछे कि अन्ना हजारे को दलगत राजनीति को मोहरा बनाने के पीछे कौन सी सोच है। कोई यह भी पूछे कि क्या कांग्रेस की सत्याग्रह करने की धमन भट्टी की आंच इतनी धीमी पड़ गई है कि उसे अन्ना हजारे की समिधा की जरूरत है।

एक समिति मुद्दे पर देश के जन मानस को झिंझोड़कर की नन्हीं कंदील बनने वाले अन्ना को यह चुनौती दी जा रही है कि वह रवीन्द्रनाथ ठाकुर की कविता के नायक दिए की तरह अंधेरे में रात भर तब तक जलता रहे, जब तक सूरज नहीं निकल आए। ऐसी ठकुरसुहाती

की बात देश के सबसे ताकतवर ठाकुर से इतिहास को सुननी पड़ रही है।

दिग्विजय जब भी कोई विवाद खड़ा करते हैं, कांग्रेस पार्टी उनसे सावधानीपूर्वक किनारा करते हुए उन्हें व्यक्तिगत छींटाकशी करने का पूरा अधिकार देती है। इससे दिग्विजय सिंह के व्यक्तित्व में एक अद्भुत राजनीतिक विचारक उगता हुआ दिखाई दे रहा है। लगता है देश की हर समस्या पर चिंतन करने के लिए उनके पास काफी वक्त और शक्ति है।

कभी संस्कृति अथवा कल्चर की बारीकियों पर बात करते समय दिग्विजय ठहाका लगाकर कहते थे कि कल्चर नहीं एग्रिकल्चर के आदमी हैं। आज पूरी कांग्रेसी संस्कृति में दिग्विजय कृषि होती दिखाई दे रही है। इसलिए फसल भी उन्हें ही काटने को मिलेगी। जो बोएगा, खेता उसका ही होता है। जो जैसा बोता है, फसल भी वैसी ही काटता है।

प्रारूप समिति के संभावित सदस्यों में शरद पवार भी थे। जैसे ही अन्ना ने उन पर हमला किया, पवार ने इस्तीफा दे दिया। दिग्विजय ने कभी नहीं कहा कि शरद पवार पर आरोप हैं। इसलिए हटकर उन्होंने अच्छा किया। कहा यही गया कि शरद पवार नहीं चाहते थे कि विवादों के घेरे में रहने के बावजूद वे समिति में रहे। ऐसे में यही स्वायत्तता शांति भूषण और प्रशांत भूषण को क्यों नहीं मिलनी चाहिए? चपल, चुस्त, वाचाल और अनियंत्रित अमर सिंह से यह क्यों कहलवाया गया कि पिता पुत्र को प्रारूप समिति से हट जाना चाहिए।

कांग्रेस के शक्तिशाली महासचिव ने लगभग आत्ममुग्ध होकर यह

भी कहा कि केवल कांग्रेस पार्टी है जो भ्रष्टाचार की शिकायत मिलने पर त्वरित कार्यवाही करती है। उन्होंने खासतौर पर टू जी स्पेक्ट्रम, कॉमनवेल्थ घोटाला और आदर्श सोसायटी जैसे मामलों का उल्लेख किया।

प्रकारांतर से दो तीन खतरनाक साध्य निकलते हैं। पहला यह कि सभी भ्रष्टाचार कांग्रेसी सरकारों के नुमाइंदों ने ही तो किए। दूसरा यह कि कांग्रेस सरकारों ने खुद होकर कोई कार्यवाही नहीं की। खासतौर पर जब इलेक्ट्रॉनिक मीडिया ने लगातार हमले किए तो सरकारों ने डूबती साख को बचाने के लिए कार्यवाही की। यह कोई क्यों नहीं देखेगा कि कार्यवाही हो कहां रही है। भ्रष्टाचार खरगोश की गति से हुए और कार्यवाही कछुए की चाल से हो रही है। पौराणिक कछुआ तो जीत गया था क्या न्याय सजाओं में तब्दील होगा। पुणे के हसन अली, जर्मनी और स्विट्जरलैंड बैंकों के खातेदारों, सतर्कता आयुक्त थॉमस वगैरह के मामलों में कौन महावत है? सरकार या सुप्रीम कोर्ट?

आरोप लगने पर प्रारूप समिति से तो हटने का कहा जाए। लेकिन खुद अभियुक्तों के साथ बगलगीर होकर मंत्रिपरिषद् में बैठे हो। उसी पार्टी से तमिलनाडु में गठबंधन के आधार पर चुनाव लड़ा जाए जिसके प्रतिनिधि ने देश को 1.76 लाख करोड़ रूपयों को चूना तो लगा ही दिया है। कारिंदे और छोटे मोटे दलाल तो पकड़े जा रहे हैं लेकिन टाटा और अंबानी वगैरह का क्या होने वाला है या अनिल अग्रवाल का।

दिग्विजय उत्तरप्रदेश के प्रभारी हैं जिसे विनोबा 'प्रश्न प्रदेश' कहते थे। वहां बसपा, कांग्रेस, भाजपा और सपा के बीच आगामी चुनावों में चतुष्कोणी संघर्ष होगा। ऐसा युद्ध शायद भारत के अन्य किसी प्रदेश में नहीं हो रहा है।

कुछ अरसा पहले लगा था कि कांग्रेस की हवा बहेगी। लेकिन धीमी गति से चलता दिखाई देने वाला हाथी महावत के 'पंजे' में फंसे अंवुश से काबू आता नहीं दिख रहा है। उत्तर प्रदेश ब्राम्हणों, ठाकुरों, दलितों और मुसलमानों का भी सबसे बड़ा अखाड़ा है। इसी उत्तरप्रदेश में मुसलमानों को आबादी के अनुपात में अंतरिम सरकार ने सीटें देने का सुझाव जवाहरलाल नेहरू की अगुवाई में कांग्रेस ने मान लिया होता तो पाकिस्तान निर्माण की कुछ और कहानी होती।

कांग्रेस में दिग्विजय सिंह की कदकाठी और सूझबूझ का सचमुच कोई नेता प्रणव मुखर्जी वगैरह के अतिरिक्त नहीं है जो देश के सबसे बड़े राज्य में कांग्रेस को इतिहास का उत्तर बना दे। महाबली महासचिव उत्तर ढूंढने के बदले लगातार प्रश्न ही क्यों पूछते रहते हैं? उनके प्रशंसक उनसे गंभीर और संयत विमर्श की उम्मीद रखते हैं। राजपथ का रास्ता दस जनपथ से गुजरता होगा। लेकिन दिग्विजय पहले तो ऐसे नहीं थे।

11

टीम अन्ना बनाम टीम मनमोहन : हदें पार करने पर

वी. नारायणसामी (प्रधानमंत्री कार्यालय में राज्यमंत्री): अगर कोई कहता है कि सांसद चोर हैं, तो वह सांसदों के साथ-साथ संसद को भी बदनाम कर रहा है। संसदीय समिति की निंदा करना साफ तौर पर विशेषाधिकार हनन का मामला है। सभी के लिए लक्ष्मण रेखा होने चाहिए। टीम अन्ना अपनी सीमा पार न करे।

अरविंद केजरीवाल (अन्ना के सहयोगी): हमने कोई सीमा नहीं लांघी है, लेकिन हमारा कहना है कि सरकार संसदीय समिति को ढाल की तरह इस्तेमाल कर रही है।

समयसीमा तय करने पर

अभिषेक मनु सिंघवी (बिल पर बनी संसदीय समिति के प्रमुख): अगर हम परंपरा के तहत विस्तृत प्रक्रिया का पालन करें और 30 अगस्त तक विधेयक को पेश भी करे, तो आप हमारी समिति पर हंसेंगें और कहेंगें कि दिमाग का इस्तेमाल किए बगैर काम किया।

समिति की रिपोर्ट देने के लिए अंतिम समयसीमा तय नहीं की जा सकती, सिवाय इसके कि शुरूआत में ही हमें तीन महीने का वक्त दिया गया है।

शांति भूषण (अन्ना के सहयोगी): अगर सरकार में इच्छाशक्ति हो, तो वह तीन दिन में संसद में हमारे जन लोकपाल विधेयक को पारित करा सकती है। 1975 में इंदिरा गांधी के नेतृत्व वाली सरकार ने काफी कम समय में संविधान में 29 वें संशोधन विधेयक को पारित किया।

12

लोगों के जोश को सलाम

अन्ना की भ्रष्टाचार के खिलाफ जंग 24 घंटे लगातार चल रही थी। रात को जब आप लोग अपने घरों में पंखे और एयरकंडीशनर की ठंडी हवा सो रहे थे तब भी रामलीला मैदान पर अन्ना बिना कुछ खाए इस मशाल को जलाए हुए थे। अन्ना आराम कर रहे थे तो समर्थक और वॉलंटियर रात को हो रही बारिश की परवाह किए बिना जोश को कायम रखे थे।

टोपी से भरा बैग खाली

रामलीला मैदान के बहार मेन रोड पर अन्ना समर्थकों का तांता लगा था। एक ग्रुप आ रहा था, तो दूसरा जा रहा था। सड़क पर वॉलंटियवर्स से गांधी टोपी खरीदने की होड़ मची थी। इसक दोनों तरफ वॉलंटियर मैं अन्ना हजारे हूं लिख कर दे रहा था।

कुछ लोग अन्ना हम तुम्हारे साथ है लिखवाना चाहते थे। थोड़ी ही देर में टोपी से भरा थैला खाली हो गया। इसके अलावा बड़े और छोटे तिरंगे झंडे की भी खूब डिमांड थी। जो लोग रामलीला मैदान से लौटकर

जा रहे थे, उनमें से कुछ ने अपना तिरंगा आने वाले लोगों को थमा दिया। तिरंगे को लोग शान से सिर या शरीर से लपेटकर नारे लगाते हुए मैदान में पहुंच रहे थे।

नारे कुछ इस तरह के थे-

मैं भी अन्ना तू भी अन्ना। अब तो सारा देश है अन्ना.......

अन्ना नहीं ये आंधी है। देश का दूसरा गांधी है........

देश की बेटी कैसी हो। किरन बेदी जैसी हो........

ये अंदर की बात है। पुलिस हमारे साथ है........।

अन्ना के वॉलंटियर्स बिस्कट के छोटे-छोटे पैकेट्स और पानी बांट रहे थे। हालांकि वॉलंटियर्स और पुलिसकर्मी मिनरल वॉटर पी रहे थे, जबकि मैदान में पहुंचने वाले समर्थकों को पानी की पॉलिथीन पैक बांटा जा रहा था। खाने में पूड़ी-सब्जी की व्यवस्था थी। स्टॉल पर भीड़ थी।

अन्ना को रात के 12 बजे तलाश रही थी नजरें

रामलीला मैदान में स्टेज के आसपास लोगों का हुजुम लगा था। लोग दो-चार के ग्रुप में आ रहे थे और मैदान में भी वे इसी तरह के गाने और नारे लगा रहे था। स्टेज थोड़ी दूरी पर शामियाना लगाया गया था, जिसमें 100-150 लोग आराम कर रहे थे।

मैदान में आने वालों की नजरें अन्न और उनके सहयोगियों को ढूंढ रही थी। अपनी फैमिली के साथ आई एक महिला ने वॉलंटियर्स से पूछा कि अन्ना धरने पर किधर बैठे हैं? उन्हें बताया गया कि यह उनके आराम का समय है। अब वह सुबह स्टेज पर आंएगे। महिला निराश

होकर वहां से तुरंत चली गई।

आधी रात में भी परिवारों का आना था जारी

आधी रात के बाद भी लोगों के आने का सिलसिला जारी था। इनमें कुछ प्रफेशनल्स थे, कुछ स्टूडेंट तो कुछ पूरे परिवार के साथ आए थे। मैदान के बाहर सड़क पर एक ग्रुप पर्चे बांट रहा था। वहां से गुजरने वाले हर वीइकल वाले को रोक यह पर्चा दिया जा रहा था। इससे थोड़ी देर के लिए जाम जैसी स्थिति भी हो गई। लोग यह समझ कर इसे ले रहे थे कि यह अन्ना के अनशन से जुड़ा पर्चा है, लेकिन यह पर्चा टीम अन्ना का नहीं था। इस पर्चे पर शहीद भगत सिंह की तस्वीर थी।

शराबियों का हुड़दंग

अन्ना का समर्थन करने आए कुछ युवक स्टेज के बाई ओर से बैरिकेड्स के बावजूद स्टेज तक पहुंचने की नाकाम कोशिश की। स्टेज के बेहद करीब मीडिया कर्मियों वॉलंटियर्स और पुलिस के हस्तक्षेप के बाद उन्हें रोका गया। युवकों ने शराब पी रखी थी और वे स्टेज पर जाकर नारे लगाने की जिद कर रहे थे। वे किसी की बात सुनने के लिए तैयार नहीं थे। बहुत समझाने के बाद उनसे पीछा छूटा। थोड़ी देर बाद स्टेज के दाई ओर से भी इसी तरह स्टेज तक पहुंचने की कोशिश की गई, लेकिन पुलिस ने सख्ती बरतते हुए उन्हें रोक लिया।

हमारे बच्चों की खातिर है लड़ाई

स्टेज के आसपास समर्थकों का कई समूह बिखरा हुआ था। रात गहरी होने के बाद भी लोगों को जोश कम नहीं पड़ा था। लोगों को जोश कम नहीं पड़ा था। लोगों का आने-जाने का सिलसिला भी चल रहा था।

इस दौरान थोड़ी देर के लिए समर्थकों का उत्साह ठंडा पड़ गया और उनकी संख्या में भी कमी आई। एक-दूसरी टीम ने स्टेज के बिल्कुल करीब खाने का स्टॉल लगाया। इसमें चावल, छोले और पनीर थे। लोगों ने छककर खाने का मजा लिया। उधर, मैदान के गड्ढों को भरने काम भी चल रहा था।

एमसीडी की दो-तीन गाड़ियां नोएडा के एक प्राइवेट संस्थान में काम करने वाले मनीष शर्मा अपनी पत्नी और दो छोटे बच्चों के साथ अन्ना का समर्थन करने आए थे। उन्होंने कहा कि अपनी लाइफ में ऐसी क्रांति उन्होंने नहीं देखी थी। उनका कहना था कि करप्शन के खिलाफ अन्ना की आवाज बुलंद करने के लिए वह रात 11 बजे ड्यूटी खत्म करके यहां आए हैं। उन्होंने कहा कि वह अपने ओर बच्चे के भविष्य की खातिर समर्थन दे रहे हैं।

बारिश का भी स्वागत

समर्थकों में ब्रेक के बाद फिर से उत्साह नजर आया। पूरे जोशोखरोश के साथ उन्होंने नारे लगाने शुरू कर दिए। उनके उत्साह को देखते हुए आसपास से पानी की बौछार होने लगी। हालांकि यह बहुत देर तक नहीं हुई। इसके बाद थोड़ी देर तक बूंदाबांदी होती रही। सभी लोग छिपने के लिए शामियाने में आए गए थे। हल्की बारिश के बाद ही शमियाना टपकने लगा। वहां सोए लोगों को बचने के लिए उपाय करने पड़े। बारिश से पहले चाय की व्यवस्था की गई थी।

पुलिस वाले ने दिया ज्ञान

बारिश से बचने के लिए शामियाना में आए कुछ लोग यहीं जमे

हुए थे। कुछ पुलिस वाले भी यहां आ गए थे। इनमें से एक कुछ लड़कों को सफलता के टिप्स दे रहा था। पुलिसकर्मी ने लड़कों को सलाह दी कि उन्हें ध्यान लगाकर पढ़ना चाहिए और आईएएस/आईपीएस बनकर देश की सेवा करनी चाहिए। ऑफिसर बन जाने के बाद नेताओं की न सुनें और वही करें जो उन्हें ठीक लगे। पुलिसकर्मी ने कहा कि नेता की बात मानने पर सस्पेंशन होगा और कुछ नहीं। जोशीले पुलिस वाले ने यह भी कहा कि किरन बेदी कमिश्नर होती तो नेताओं की खाल निकाल लेती। इतना कहने के बाद अचानक उसे कुछ याद आया और उसने कहा कि यदि आसपास मीडिया वाले होंगे, तो मेरी नौकरी चली जाएगी और बात बदल दी।

नई सुबह

उजाले के साथ ही अन्ना के स्टेज पर आने की सोचकर समर्थक स्टेज के दाईं ओर इकट्ठा होकर नारे और देशभक्ति के गीत गाने लगते थे। इलेक्ट्रॉनिक चैनलों के कैमरे स्टैंड पर सजने लगते थे। कुछ जॉगिंग करने वाले बुजुर्ग हाफ पैंट और टी-शर्ट में मैदान में आ पहुँचते थे। धीरे-धीरे अन्ना समर्थकों की भीड़ बढ़ने लगी थी। वॉलटियर्स ने लोगों के बीच संतरे और केले भी बांटे जाते थे। धीरे-धीरे लोगों की भीड़ बढ़ने लगती थी और माहौल बनने लगता था।

13

वॉलंटियर्स बिना इमोशन डटे हैं ग्राउंड में

देखने में ऐसा भले लग रहा था कि रामलीला मैदान में करप्शन के खिलाफ इमोशन का सैलाब उमड़ रहा है, लेकिन वहां तैनात युवा वॉलटियर्स से बात करते ही साफ हो जाता था कि युवा पीढ़ी इसे लेकर बहुत इमोशनल नही हैं। उसे पता है कि केवल एक कानून बनने से करप्शन दूर नहीं होगा। इसके लिए और भी बहुत कुछ करने की जरूरत है। इन वॉलंटियर्स में स्टूडेंट्स और प्रफेशनल्स दोनों हैं। कुछ ऐसे भी हैं जो एनजीओ में काम करते हैं। इनकें जिम्मे सिक्युरिटी जानकारी देने और पानी पिलाने तक की जिम्मेदारी है।

मीडिया गैलरी में तैनात सरिता सिंह रायबरेली से आई थी और दिल्ली में रहकर सिविल सर्विसेज की तैयारी कर रही थी। वह पिछले कुछ महीनों से इस आंदोलन के साथ जुडी हैं। वह मानती हैं कि जन लोकपाल कानून के आने से करप्शन एक हद तक दूर हो सकेगा। लोग देश के बारे में परेशाान हैं और यह अपने आप इस रैली में आ रहे हैं। उन्होंने कहा कि यहां आने के बाद देशभक्ति की भावना और मजबूत हो जाती है।

श्वेता इन्फार्मेशन कांउटर पर लोगों को जन लोकपाल और सरकारी लोकपाल के बीच के अंतर समझाने वाले पर्चे बांट रही थीं। वह रोहतक से थीं और दिल्ली में सीए की तैयारी कर रही है। अन्ना के आंदोलन में वॉलटियर के तौर पर काम करने के बारे में उन्होंने कहा कि इस तरह मैं अपने देश के लिए कुछ टाइम निकाल रही हूं। यहां वैसा ही माहौल है, जैसा हम आजादी की लड़ाई पर बनी फिल्मों में देखा करते थे। जन लोकपाल से थोड़ा ही सही करप्शन पर असर तो पड़ेगा।

14

अनशन की सेंचुरी और मैदान पर हजारों हजार हजारे

अन्ना हजारे का साथ देने के लिए रामलीला मैदान पर भारी भीड़ सदैव बनी रहती थी। सुबह से लोग जुटना शुरू हो जाते थे और शाम होते-होते हर तरफ अन्ना ही अन्ना नजर आ रहे थे। करप्शन के खिलाफ इस सबसे बड़ी जंग की पूरी कवरेज की जा रही थी और आपके लिए हर पल का हाल लाया रहा था।

सुबह 8 बजे गुड मॉर्निंग अन्ना

सुबह में रामलीला मैदान का स्टेज पूरी तरह खाली था। मैदान पर भी बहुत कम भीड़ थी। लाउडस्पीकर पर देशभक्ति के गीत गूंज रहे थे। कई समाचार पत्र मुफ्त में बांटे जा रहे थे। लोग उन्हें पढ़ रहे हैं और बिस्कुट और चाय का नाश्ता कर रहे थे। कुछ वालिंटियर 'अन्ना आई एम विद यू' स्टिकर लोगों को बांट रहे थे या उनकी कमीजों पर टांक रहे थे। एक टोली वंदेमातरम गाती घूम रही थी, जिससे लोगों का मनोरंजन हो रहा था। कुछ कॉलेज के बच्चे भी मैदान पर पहुंच गए थे। उनके बीच फोटो सेशन चल रहा था। मैदान को सुखाने के लिए

एमसीडी का अभियान जारी था। छोटे बुलडोजरों से पानी भरे इलाके में बजरी बिछाई जा रही थी।

सुबह भीड़ के साथ, डांस प्रारंभ

मैदान में धीरे-धीरे बढ़ने लगती थी। वहां आने वाले लोग जबरर्दस्त नारे बाजी करते थे। यमुनापार की एक टीम ने मंच के बगल में कीर्तन करना शुरू कर दिया था। टीम का एक सदस्य लोगों को टीका लगाने लगता था, जिससे पूरा माहौल भक्तिमय हो जाता था।

इतने में कई स्कूलों के बच्चे वहां पहुंचना शुरू हो जाते थे। उनमें गजब को जोश था। जान लगाकर वे नारेबाजी कर रहे था। भ्रष्टाचार के खिलाफ आसमान नारों में गूंज रहा था और लगे नाचकर भी अपना मन बहला रहे थे।

अन्ना आए, जोश भरा

अन्ना मंच पर अवतरित होते थे। उनको देखते ही लोगों का जोश बढ़ जाता था। वह अपनी स्टाइल में हाथ हिलाते थे और जोड़ते थे। पूरा मैदान नारों से गूंजने लगता है। अन्ना अपना संक्षिप्त भाषण देते थे, जिसकों सुनकर लोग खूब तालियां बजाते थे। मंच पर दो गायक नितिन भाई व सिद्धार्थ कुछ गीत गाते हैं- 'देखो सारा देश खड़ा है अन्ना तेरे साथ में, मिलकर सारा देश खड़ा है अन्ना तेरे साथ में।

कुछ लोग परिवार समेत मैदान पर पहुंचने लगते हैं। एक ब्लाइंड हॉस्टल के स्टूडेंट्स की टीम भी वहां पहुंच जाती थी। मंच में उनके बारे में बताया जाता है और लोग उनके आगमन पर तालियां बजाते हैं। मीडिया के लोगों की भी हलचल बढ़ने लगती थी। वहां से लाइव की शुरूआत हो जाती थी।

प्राणायाम और भजन भी

गीतों का कार्यक्रम जारी रहता था गीतों की तान में बच्चे तान में बच्चे नाच रहे थे। बुजुर्ग झूम रहे थे तो वहां महिलांए तालियां बजा रही थीं। मैदान के टेंट वाले हिस्से में लोगों की भीड़ बढ़ने लगती थी। वॉलीटियर उन्हें केले और अचार सहित सप्लाई कर रहे थे। कोई पेंटिंग कर रहा था, कोई पोस्टर बनाकर लाया था और घूम घूमकर कर लोगों को दिखा रहा था। कुछ लेडीज रंग बिरंगे कपड़े पहनकर अन्ना का समर्थन करने पहुंची थी। कुछ विदेशी भी अन्ना की झलक पाने के लिए मैदान में आ डटे थे।

धूप के साथ भीड़ का बढ़ना

जैसे-जैसे गर्मी बढ़ती जा रही था, मैदान में लोगों की भीड़ बढ़ती ही जा रही थी। एक दिन दिनभर रह रहकर होती रही तेज बारिश की वजह से मैदान की जो सूरत बिगड़ी थी, वह धूप खिलने के बाद सुध रती गई। टेंट के नीचे की गह भी ठीक कर ली गई थी। इसलिए ध ूप तेज होने के बाद ज्यादातर लोग टेंट के नीचे जाकर बैठ गए।

टेंट के पीछे वाले हिस्से में भी एमसीडी के कर्मचारियों ने बजरी डालकर उसे काफी हद तक ठीक कर दिया था। जबकि सबसे पीछे वाले हिस्से में काम चल रहा था। ज्यादातर लोग स्टेज और वहां लगे मीडिया के कैमरों के पास पहुंचने की कोशिश कर रहे थे, ताकि उनका चेहरा भी टीवी पर दिख सके और वे खुद को दूसरों से अलग दिखा सकें। थोड़ी देर बाद स्वामी अग्निवेश मंच पर पहुंचे और उन्हीं अपनी बात सबके सामने रखी इस बीच हाईकोर्ट के पूर्व चीफ जस्टिस राजेंद्र सच्चर भी यहां पहुंचे।

मनोज तिवारी का जलवा

इस बीच भोजपुरी गायक मनोज तिवारी भी स्टेज पर पहुंचने थे। मनोज ने अपने गीतों पर मैदान में मौजूद 10 हजार से ज्यादा लोगों को झूमने पर मजबूर कर दिया। प्रीत जहां की रीत सदा गीत को मनोज ने कुछ अलग अंदाज में गाया। उन्होंने जब इस गीत की पंक्ति भारत का रहने वाला हूं, भारत की बात सुनाता हूं को बदलकर अन्ना का छोटा भाई हूं, भारत की बात सुनाता हूं गाया, तो लोगों ने उनके इस अंदाज़ की जमकर सराहना की। मनोज ने एक खास गीत भी बनाया था, जिसके बोल थे- मैं अन्ना बोल रहा हूं माता, अन्ना बोल रहा हूं। उनके इस गीत को लोगों ने बहुत पसंद किया। उन्होंने कुछ और गीत भी गाए, जिन पर लोग झूमते रहे।

87 साल का युवा का सलाम

मेधा पाटकर ने जन लोकपाल बिल के साथ-साथ किसानों और मजदूरों की समस्याओं के बारे में भी विस्तार से चर्चा की। इस बीच डॉक्टरों की टीम ने अन्ना की मेडिकल जांच की। मेघा का भाषण खत्म होने के बाद नजफगढ़ के रहने वाले 87 साल के बुजुर्ग सूबे सिंह दो लोगों के सहारे अन्ना से मिलने के लिए मंच पर पहुंचे, तो उनके होसले को देखकर हर कोई हैरान रह गया।

अन्ना ने जब उम्र में अपने से बड़े सूबे सिंह को नमन किया, तो हर कोई उनके अंदाज का कायल हो गया। सूबे सिंह ने मंच से इनकलाब जिंदाबाद और भारत माता की जय का नारा भी लगवाया। उसके बाद जब मंच से यह घोषणा की गई कि दोपहर 2 बजे अन्ना के अनशन को सेंचुरी पूरी हो गई है यानी उन्हें अनशन करते हुए 100 घंटे पूरे हो गए हैं, तो लोगों ने नारे लगाकर और तालियां बजाकर अन्ना

के प्रति अपना समर्थन जताया।

किरण मैम की क्लास

मंच पर कई वक्ता आते जा रहे थे। धूप तेज हो गई थी और उसकी वजह से गर्मी भी बढ़ गई थी, इसके बावजूद लोग खुले आसान के नीचे डटे हुए थे। मैदान में लोगों की तादाद भी बढ़कर 15 हजार से ज्यादा हो चुकी थी। इस बीच किरण बेदी ने माइक संभाला। उन्होंने लोगों से कहा कि बाहर कई लोग कह रहे हैं कि अन्ना के सर्मथकों को ही जन लोकपाल बिल के बारे में कुछ नहीं पता है इसलिए कल मैं आपकी क्लास लूंगी और आपकों इस बिल के बारे में विस्तार में समझाऊंगी।

उसके बाद एक गीत हुआ और फिर हजारो लोगों ने मिलकर अन्ना के स्वास्थ्य के लिए आंखे मूंदकर और हाथ जोड़कर प्रार्थना की। इस दौरान पुरे मैदान में चुप्पी छा गई। 3:40 बजे जब किरण बेदी ने अन्ना की हेल्थ रिपोर्ट के बारे में जानकारी देते हुए बताया कि अन्ना का बीपी 80/130 शुगर 92 और पल्स 78 है और उनका स्वास्थ्य पूरी तरह ठीक हैं, तो लोग खुशी से झूम उठे। टीवी कलाकार राजा बुंदेला और मशहूर टीवी सीरियल महाभारत में युधिष्ठिर की भूमिका चुके गजेंद्र चौहान भी यहां पहुंचे।

बेटी बनी भारत माता, बेटा भ्रष्टाचार

कई वक्ताओं ने इस एक घंटे के बीच मंच से भ्रष्टाचार से जुड़े अपने अनुभवों को लोगों से बांटा। वहीं गायत्री परिवार के 10 करोड़ से ज्यादा समर्थक और सदस्य हैं। उन सभी लोगों ने अन्ना हजारे के आंदोलन के समर्थन में 24 घंटे का उपवास रखा। डॉ. प्रणव ने कहा

कि मशाल गायत्री परिवार का चिन्ह है। उन्होंने मशाल अन्ना हजारे को भेंट की।

अन्ना ने डॉ. प्रणव से मशाल लेकर जैसे ही उसे ऊपर उठाया जनसूह ने तालियों की गड़गड़ाहट से उनका स्वागत किया। जन लोकपाल के समर्थन में अमेठी और रायबरेली मे जनमत संग्रह कराने वाले संजय सिंह ने बताया कि इन दोनों क्षेत्रों के 90 पर्सेंटसे ज्यादा लोगों ने जन लोकपाल का समर्थन किया है।

देशभक्ति के गीतों ने भरा जोश

डॉक्टरों से डॉ. अनंत और डॉ. रंजन ने मंच से आंदोलनकारियों की सेवा करने की अपील की। इस बीच लोगों में जोश भरने के लिए देश भक्ति गीत गाया गया। लोगों मे जोश भरने के बाद नॉर्थ ईस्ट में अपने अधिकारियों की लड़ाई लड़ने वाले संगठन से जुड़े अखिल ने अपनी बात रखी। अखिल ने बताया कि देश के प्रधानमंत्री असम से राज्य सभा के लिए चुनकर आते हैं। अगर वह जन लोकपाल बिल पास नहीं करावा सकते तो उन्हें असम से राज्यसभा की सीट छोड़नी होगी। प्रेस कांफ्रेस की घोषणा होते ही अन्ना हजारे मंच पर आ गए। उनके मंत्र पर आते ही लोगों की तालियों की गड़गड़ाहट और अन्ना तुम संघर्ष करो हम तुम्हारे साथ हैं के नारे बुलंद किए।

अन्ना का मेडिकल चेकअप

अन्ना टीम के प्रशांत भूषण, किरणबेदी और अरविंद केजरीवाल ने प्रेस कांफेंस के दौरान जन लोकपाल के संबंध में अपना और सरकार का दृष्टिकोण स्पष्ट किया। लोगों से किरण बेदी ने अपील की कि एक-एक व्यक्ति अपने साथ 10-10 लोगों को मैदान में लेकर आए।

जिससे सरकार की आंखें खुल सके। अन्ना ने मैदान में मौजूद मुस्लिमों को अपने हाथों से रोजा खोलने के लिए अन्ना का मेडिकल चेकअप किया। उन्होंने बताया कि अन्ना की हाई बीट और ब्लड प्रेशर आदि सब नार्मल हैं।

रिमझिम फुहारों के बीच जमकर थिरके लोग

रामलीला मैदान पर अन्ना के अनशन में युवाओं की तादाद काफी थी। हाथो में तिरंगा लिए युवा देशभक्ति गीतों पर जमकर थिरके। मेरा रंग दे बसंती चोला... गीत पर युवाओं ने जमकर डांस किया। युवाओं का उत्साह बढ़ाने के लिए मंच से लगातार उसकी हौसला आफजाई होती रही। उस दौरान पूरा माहौल देशभक्ति के रस से सरोबार हो गया। दूसरी ओर युवाओं का बड़ा तबका इस पल को यादगार के तौर पर संजोने के लिए अपने मोबाइल फोन से फोटों खीचंता नजर आया।

स्ट्रीट फूड की दुकानों पर जमघट

यह वह वक्त था, जब अनशन का माहौल चरम परथा। लोगों से खचाखच भरे मैदन में हर ओर तिरंगे और अन्ना के अनशन को समर्थन देते होर्डिंग नजर आ रहे थे। इस दौरान रामलीला के आसपास की खाने-पीने की दुकानों पर भी खूब रश दिखाई दिया। भले ही अन्ना अनशन पर हों, पर उन्हें समर्थन देने अधिकतर लोगों ने डिनर का वक्त होने पर स्ट्रीट फूड का काफी लुत्फ उठाया। आलम यह था कि मेले जैसा माहौल था। लोग हर ओर अन्ना और जन लोकपाल बिल की चर्चा करते दिखाई दिए।

इसी बीच दिल्ली गेट की ओर से करीब 500 लोगों का एक कारवां रामलीला मैदान की ओर बढ़ता आया। किसी के हाथ में मशाल

और मोमबत्तियां थीं तो किसी के हाथों में तिरंगा। परिवार के लोग भी अपनी कार से बाहर निकलते हुए अन्ना जिंदाबाद के नारे लगा रहे थे। बिना किसी से बात किए बिना यह कारवां बंदे मातरम् और इंकलाब जिंदाबाद के नारे लगाता हुआ रामलीला मैदान जा रहा था।

15

लाखों लोग सडकों पर

भ्रष्टाचार के खिलाफ आंदोलन चलाने वाले अन्ना के साथ इस वक्त लाखों लोग सड़कों पर हैं। अन्ना हजारे के नाम पर भारत में आई इस आंधी को दुनिया ही नहीं, खुद भारत हैरानी से देख रहा है। इसकी तुलना बहुत पुराने आंदोलनों से की जा रही है। पचासों तरीकों से इस उफान को बूझने की कोशिश जारी है, लेकिन फोकस इस मुद्दे पर है कि जन लोकपाल की मांग जायज है या नहीं, आप अन्ना के साथ हैं या नहीं? यह अहम मुद्दा है और देश की हालचाल से जुड़ा नागरिक इसका जवाब तलाश रहा होगा, लेकिन यह देखना इससे भी दिलचस्प है कि अन्ना का आंदोलन भारत को अपने बारे में क्या बता रहा है। इस आंदोलन ने हमारी आंखे खोल दी है और बताया है कि खुद की हकीकत का कितना कम अहसास हम लोगों को था।

सबसे पहली बात, जिसका जिक्र लगभग सभी करते हैं, वह युवा और मिडल क्लास की शिरकत है। लेकिन यह तो होना ही था। करीब 60 फीसदी भारत आज युवा है। मिडल क्लास का हिस्सा करीब 25 करोड़ हो चुका है। आज से 20 या 25 बरस पहले ऐसा नहीं था।

लिहाजा तब के आंदोलन होगा, तो वह युवा ही होगा और इसीलिए वह तकनीकी तौर पर नया भी होगा। यह बात लोकपाल के समर्थकों को पता है। अगर नहीं है तो हमारे सियासी दलों को, जिनकी सियासत में भारत के तमाम डेमोग्रैफिक उलटफेर के बावजूद कोई नहीं पड़ा है।

लोकपाल आंदोलन ने जोरदार तरीके से हमारी यह गलतफहमी तोड़ी है कि युवा पीढ़ी अपने आसपास को लेकर उदासीन है, कि उसकी दिलचस्पी सिर्फ करियर, पैसे, कार, गैजट्स में है। मुद्दों के लिए आवाज उठाना अधेड़ पीढ़ी का फर्ज मान लिया गया था। लोकपाल का धन्यवाद कि वह गलतफहमी दूर हो गई। नई मजॉरिटी जेनरेशन देश को लेकर उतनी ही फिक्रमंद है, जितना उसे होना चाहिए। पिछली पीढ़ी यह सोचकर चैन की सांस ले कि मुल्क उसके बाद भी महफूज रहेगा।

भारत में बदलाव की बेकरारी कायम है, सपने बदस्तूर देखे जा रहे हैं और इसलिए पॉलिटिक्स भी उस तरह बेमतलब नहीं हुई है, जैसा कि पिछले कुछ बरसों से लगने लगा था। वोटिंग में शहरी भागीदारी निराशाजनक थी, नए वोटर्स की फसल कोई काबिलेगौर फर्क सियासत नहीं ला रही थी। इसका मतलब यही हो सकता था कि उसकी चुनावी कर्मकांड में दिलचस्पी नहीं है।

शहरी भद्रलोक देश की तकलीफों से कटता दिख रहा था, सरकार के रहम के बिना जीने का तरीका उसने ईजाद कर लिया था और पॉलिटिक्स उसके लिए मजाक का मुद्दा बनकर रह गई थी। यह कुछ महीने पहले था, जब तक करप्शन जैसे सामाजिक, राजनीतिक मुद्दे पर सरकार से जंग नहीं छिड़ी थी। आज देश में पढ़ा-लिखा, तरक्कीयाफ्ता, खुशहाल और जागरूक तबका एक सियासी लड़ाई में खोया हुआ है। भारत का बहुमत, भारत की जवानी सड़कों पर अपना पहला राजनीतिक

सबक सीख रही है, अपने लोकतंत्र की आत्मा से जुड़ रही है और इस बात पर सोच रही है कि कैसा भविष्य उसे चाहिए।

लोकपाल मुद्दे का जो भी हो, मुझे इस बात पर जरा भी शक नहीं कि भारतीय डेमोक्रेसी की फसल के लिए यह आंदोलन मानसून का काम करेगा। भारतीय गणतंत्र ज्यादा जिम्मेदार, समझदार और जवाबदेह बनेगा।

बशर्ते कि यह आंदोलन उन लोगों के कंट्रोल से बाहर न जाए, जिन्होंने इसे शुरू किया। ऐसे वक्त जब भारत कई गुना हिंसक और आक्रामक हो चुका है, आंदोलन का मतलब आगजनी और तोड़फोड़ रह गया है, लोकपाल की मुहिम ने हैरतअंगेज तरीके से गांधीगीरी को प्रैक्टिस में उतार दिया है। यह एक फिल्म का सुनहरा सच नहीं रहा, लाखों लोग इस पर अमल कर रहे हैं। कौन सोच सकता था कि सत्याग्रह इस तरह भारत लौट आएगा, वह भी इस पैमाने पर?

मैं समझता हूं इस सवाल ने बहुतों को छेड़ा होगा कि आखिर करप्शन के खिलाफ एक बुजुर्ग गांधीवादी की ललकार में ऐसा क्या है जो लाखों लोगों को हिला रहा है। करप्शन से हम सभी का पाला पड़ता है, लेकिन इसके साथ जीना हमने सीखा लिया था। हम यह भी मान गए थे कि जब तक हमें अपने हिस्से की सहूलियतें मिलती रहे, तो करप्शन को बर्दाश्त किया जा सकता है। लेकिन फिर भी यह आंदोलन उठ खड़ा हुआ और करप्शन अचानक इस देश की हर मुसीबत, गुरबत यह कैसे हुआ? करप्शन या बैड गवर्नेंस से हम वाकई परेशाान थे, लेकिन उस उबाल के लिए यह काफी नहीं था।

इसे जरूरी बना देने वाली दो ही बातों हो सकती हैं– इस आंदोलन

ने हमें अपने राष्ट्रवाद या देशप्रेम को सच साबित करने का मौका दिया है या हममें भरोसा करने का अपार ताकत है, उस भरोसे की, जिसके बिना कोई आंदोलन नहीं हो सकता।

और इस मोड़ पर आकर मुझे कुछ खतरे सिर उठाते नजर आते हैं। इनमें पहला है सिंपलिस्टिक यानी उलझे मुद्दों को बेहद आसान जवाबों में देखने का खतरा। डर है कि जन लोकपाल का बन जाना भी अगर करप्शन से आजादी नहीं दिला पाया, तो क्या होगा? क्या आंदोलन इस बात को सही तरीके से भीड़ तक पहुंचा पाया है कि लोकपाल तो महज पहला कदम है, करप्शन मिटाने के लिए कई मुकाम पार करने होंगे और यह रातोंरात नहीं हो जाएगा। अन्ना सुपरमैन नहीं हैं और लोकपाल कतई भगवान नहीं होगा। मास मूवमेंट हमेशा आसान नारों का सहारा लेते हैं और निराशा के खतरे को साथ लिए चलते हैं। अगर आंदोलन नाकाम रहा या कामयाब होकर भी बेअसर साबित हुआ तो क्या होगा? भारत की महान हताशा उसका क्या हाल करेगी?

मेरी तीसरी फिक्र इस बात को लेकर है कि कहीं अन्ना की आड़ में हमें अपना चेहरा छिपाने का मौका तो नहीं मिल गया? क्या हम नेताओं पर जूते मारकर करप्शन का दाग खत्म मान लेंगे? क्या अब हम खुद में भी सुधार की जरूरत महसूस करेंगे? या अब भी हमारा कहना होगा- जी, जब सभी करते हैं तो.....

16

अनशन तथा अन्ना : डाक्टरी परामर्श

अनशन की अवधि

- अगर किसी का बहुत कम खाने से काम चल जाता है तो वह लंबे वक्त तक अनशन कर सकता है।
- फोर्टिस लाफेमें हॉस्पिटल की क्लिनिकल न्यूट्रीशनिस्ट डॉ. निधि सरीन कहती हैं कि उम्र बढ़ने के साथ तमाम अंगों की काम करने की क्षमता कम होने लगती है इसलिए उम्र का भी अनशन की अवधि से सीधा संबंध है।
- बीमारी, दिमाग से टेंशन, गुस्सा और अशांत मन अनशन मन अनशन की अवधि को घटाने का काम करते हैं।

शरीर पर प्रभाव

- एस्कॉर्ट्स हार्ट इंस्टीट्यूट की सीनियर डाइटिशियन डॉ. दलजीत कौर कहती है कि अनशन के दौरान सबसे पहले शरीर का ग्लूनकोज लेवल तेजी से कम होता है। इसके बाद मसल्स का

प्रोटीन टूटने लगता है, जिससे वजन कम हो जाता है। फैट ग्लूकोज में बदलकर एनर्जी देता है। जब तक अतिरिक्त फैट यह काम कर रहा है, तब तक ठीक है। लेकिन जैसे ही प्रोटेक्टिव फैट टूटने लगता हे, शरीर को नुकसान होने लगता है।

- अनशन करने से ब्लड प्रेशर भी कम होने लगता है।

ध्यान रखें

- मोटे लोग, बच्चे, डायबीटीज और दिल के मरीज, प्रेग्नेंट महिलाओं को बिना डॉक्टरी सलाह के अनशन नहीं करना चाहिए।
- डॉ के.के. अग्रवाल के मुताबिक, अनशन में फॉर्म्युला ऑफ थ्री काम करता है। यानी बिना हवा के 3 मिनट, बिना पानी के 3 दिन और बिना खाने के 3 हफ्ते से ज्यादा नहीं रहा जा सकता।
- लंबे समय तक उपवास रखने के बाद खाना खाने पर हाजमा बिगड़ जाता है।

17

डॉक्टरों द्वारा अन्ना का स्वास्थ्य परीक्षण

नई दिल्ली जन लोकपाल बिल के लिए आमरन अनशन कर रहे अन्ना हजारे पांचवे दिन नींद से जागे थे। अन्ना के जागने के बाद डॉक्टरों की टीम उनका स्वास्थ्य परीक्षण की। डॉक्टरों की टीम में सरकारी डॉक्टरों के साथ अन्ना की टीम के डॉक्टर भी शमिल हैं।

अन्ना की हुंकार

शानिवार को रामलीला मैदान में अन्ना के अनशन का दूसरा दिन है। वह 16 अगस्त से अनशन कर रहे हैं। शुक्रवार दोपहर वह अनशन के लिए रामलीला मैदान पहुंचे थे। रात पौने दस बजे वह सोने के लिए चले गए थे। इसके बाद उनका मंच खाली रहा, पर पूरे रामलीला मैदान में रात भर उत्साह बना रहा और हलचल रही। सवेरे 4.30 बजे अन्ना जगे। नित्य क्रिया से निबटने के बाद वह दो घंटे ध्यान और योग करते हैं। अब से कुछ ही देर बाद वह मंच पर आए और समर्थकों को संबोधित किए।

अन्ना का साथ देने आए लोगों ने मोमबत्ती से मैदान को रोशन

रखा। नारे गूंजते रहे, नए-नए नारों के साथ लोग पोस्टर बनाते रहे। उमस, तेज आंधी और बारिश के चलते काफी मुश्किल आई। इसके बावजूद लोगों का उत्साह कम नहीं हुआ। उत्साह का आलम यह है कि यह है व्यक्ति इलाहाबाद से पदयात्रा कर रामलीला मैंदान पहुंचे हैं।

अन्ना ने रामलीला मैदान से शुक्रवार को हुंकार भरी कि जन लोकपाल बिल संसद में पेश होने तक आंदोलन जारी रहेगा। उन्होंने कहा कि सरकार बहुमत में है। वह कैसे बिल पारित करानी है यह वह जाने। हमें इस सत्र में जन लोकपाल बिल पारित करानी है। हमें इस सत्र में जन लोकपाल बिल पारित हुआ देखना है। जब तक ऐसा नहीं हुआ तब तक हमारा अनशन जारी रहेगा। मरने के बाद ही मेरा अनशन खत्म होगा।

उन्होंने कहा कि 30 अगस्त तक बिल पारित नहीं हुआ तो देश भर में जेल भरो आंदोलन होगा और आमरण अनशन जारी रहेगा।

टीम अन्ना के कड़े रूख के बाद एक बार फिर सरकार ने झुकने के संकेत दिए। कानून मंत्री सलमान खुर्शीद ने कहा कि अगर कोई संसद निजी विधेयक के तौर पर जन लोकपाल बिल का ड्राफ्ट सदन में पेश करता है तो उस पर विचार किया जा सकता है।

इससे पहले अन्ना हजारे ने रामलीला मैदान में अपने समर्थकों में जोश भरते हुए कहा, युवा शक्ति राष्ट्रशक्ति है। राख के ढेर से जापान खड़ा हो गया अतः अपना देश भी खड़ा हो जाएगा। इस देश का युवक जग गया है। इस समाज और देश का उज्ज्वल भविष्य दूर नहीं। जिन गद्दारों ने देश को लूटा है, उन्हें हम बर्दाश्त नहीं करेंगे। अपनी आजादी को हम हरगिज भुला सकते नहीं। जिन गद्दारों ने देश को लूटा है, उन्हें हम बर्दाश्त नहीं करेंगे। अपनी आजादी को हम हरगिज भुला सकते

नहीं, सिर कटा सकते हैं मगर सिर झुका सकते नहीं। अन्ना ने कहा कि अनशन से हमारा वजन घटेगा, लेकिन जोश बढ़ेगा।

74 वर्षीय अन्ना हजारे ने 16 अगस्त 2011 से अनशन शुरू किया था। उसी दिन से तिहाड़ जेल में रह रहे अन्ना अपनी शर्तों पर शुक्रवार को बाहर निकले। इस दौरान अनशन के बावजूद उनके तेवर में कमी नहीं दिखी। जेल के गेट पर मौजूद हजारों समर्थकों को संबोधित करते हुए अन्ना ने कहा, 'क्रांति की शुरूआत हो गई है। अन्ना रहे न रहे क्रांति की मशाल जलती रहे। इस मशाल को बुझने न दें। आजादी के 64 साल बाद भी हमें असली आजादी नहीं मिल पाई है। यह आजादी की दूसरी लड़ाई है। यह अत्याचार मुक्त भारत का आंदोलन है। उन्होंने भ्रष्टाचार के खिलाफ आंदोलन को पुरजोर समर्थन देने के लिए जनता का शुक्रिया अदा किया।

अन्ना तिहाड से तिरंगे से सजे खुले ट्रक पर सवार होकर मायापुरी की ओर रवाना हुए। उनके साथ दो किलोमीटर तक लोगों का हुजूम भी चल रहा था। अन्ना के साथ ट्रक पर अरविंद केजरीवाल और मनीष सिसोंदिया सहित कई सहयोगी भी थे। भारी बारिश के बावजूद लोगों का हौसला नहीं टूटा और अन्ना के साथ जुड़ने वाले लोगों की संख्या बढ़ती ही गई। मायापुरी के बाद अन्ना कार में सवार होकर राजघाट पहुंचे। वहां से वह रामलीला मैदान पहुंचे।

इस बीच अन्ना के समर्थन में देशभर में प्रदर्शन जारी रहा। मुंबई में डिब्बावालों ने हड़ताल रखा। वहीं राजस्थान के उदयपुर में चैंबर्स ऑफ कोंमर्स ने बंद रखा। मुंबई में भारत मर्चेंट चैम्बर की ओर से भुलेश्वर से आजाद मैदान तक रैली आयोजित की गई। कोलकाता में सिटी सेंटर पर अन्ना के आंदोलन के समर्थन में एक सभा हुई।

18

नारेबाजी के साथ बच्चों के डांस

अब अन्ना और उनकी टीम पूरे देश को साथ लेकर भ्रष्टाचार खत्म करने की मुहिम में जुटी तो स्कूली बच्चे भी भला पीछे कहां रहते। स्कूली बच्चों के कई हुजूम रामलीला मैदान पर पहुंचे हुए हैं। कोई टीम स्कूल से बंक मारकर आई है, तो कोई तो टीचर से इजाजत लेकर पहुंची गए। कई टीम तो टीचर समेत वहां पहुची हुई है। इन बच्चों की नारेबाजी अलग है तो साथ में डांस का तड़का। भ्रष्टाचार को मिटाने के साथ-साथ ये बच्चे मैदान पर उत्सव के मूड में भी आए।

सुबह 8 बजे से ही मैदान में स्कूली बच्चों की टीमें आती दिखाई देती है। मैदान में घुसते ही उनका एक काम होता था, तेज भागो, नारे लगाओं और साथ में डांस भी करो। राजेंद्र नगर, एंड्रयूज गंज, खानपुर, रूपनगर, जोर बाग, शाहदरा तक से स्कूल के बच्चे आए। कुछ बच्चों ने मुंह में रूमाल लपेटा हुआ था। पूछो तो पता चलता था कि स्कूल में बंक मारी हुई है। टीवी पर चेहरा दिख गया तो घर और स्कूल में मार पड़ने का खतरा है। जोर बाग में एक स्कूल की टीम तो बाकायदा बैनर पोस्टर लेकर अपनी टीचरों के साथ आई । टीचरों का कहना था कि

हम स्टूडेंट्स को दिखाना चाहते हैं कि किसी बड़े मुद्दे के खिलाफ अहिंसक आंदोलन कैसे चलाया जा सकता है।

मैदान पर कैंप स्थित सेवा कुटीर ब्लाइंड हॉस्टल के स्टूडेंट्स भी आए। इन स्कूली बच्चों के कारण मैदान पर खासा मनोरंजन हो रहा है। बुराड़ी की एक टीम तो ऐसा डांस कर रही थी कि लोग उसे देखकर खासे हैरान हो रहे थे। ये बच्चे नाचते थे, नारेबाजी लगाते थे और कुछ देर सुस्ताकर फिर पुरानी रंगत में आ जाते थे इन बच्चों में लड़कियों का भी एक ग्रुप था। उनका कहना थी कि उन्होंने स्कूल से छुट्टी ली है और अपने पैरंट्स से इजाजत लेकर आए हैं। उनके चेहरों की मस्ती भी देखते ही बनती थी। बस उत्साह दिखाना है, समर्थन जताना है और लगे हाथों टीवी पर भी छा जाना है।

19

500 से अधिक अन्ना समर्थक बीमार

रामलीला मैदान में बने हेल्थ सेंटर में इलाज के लिए आ रहे बीमार लोगों की तादाद में लगातार इजाफा हो रहा था। ज्यादातर लोग ऐसे थे, जो रामलीला मैदान में आने के बाद बीमार हुए थे। ऐसे लोग उल्टी, दस्त, बुखार आने, चक्कर आने, जी घबराने जैसी शिकायतें लेकर आ रहे थे। मरीजों की बढ़ती तादाद को देखते हुए हेल्थ सेंटर में तैनात डॉक्टर भी चिंतित थे। डॉक्टरों का कहना था कि ज्यादातर लोग प्रदूषित पानी पीने, दूषित खाना खाने और मच्छरों के काटने की वजह से बीमार हो रहे हैं। हालांकि बीमार लोग अनशन पर नहीं थे।

रामलीला मैदान के एक कोने में बने हेल्थ सेंटर पर डॉक्टरों की टीम को लीड कर रहे दिल्ली कैंसर फांउडेशन के अध्यक्ष डॉ. राजीव छिब्बर और फिजिशियन डॉ. ए.पी. सिंह ने बताया कि पिछले 12 घंटों के दोरान यहां 540 मरीज आ चुके हैं। उनमें से 20 लोगों को एलएनजेपी हॉस्पिटल में रेफर कर दिया गया। चार लोगों की हालत गंभीर थी। उन्हें पहले यहीं पर फर्स्ट एड दी गई और उसके बाद उन्हें भी हॉस्पिटल में भर्ती करा दिया गया। एक अन्य बुजुर्ग महिला की

हालत भी ज्यादा खराब थी, लेकिन उस समय डॉक्टर वहीं पर उनकी देखभाल कर रहे थे।

डॉक्टरों ने बताया कि मरीजों की तादाद तेजी से बढ़ती जा रही था। ज्यादातर मरीज डायरिया और बुखार से पीड़ित थे। कइयों के शरीर में पानी और शुगर की कमी थी। ऐसे लोगों को ड्रिप चढ़ाई गई। डॉक्टरों ने आशंका जताई थी कि यहां जो पीने के पानी के टैंकर आ रहे हैं और पानी के जो पाउच बांटे जा रहे हैं, शायद उनमें प्रदूषित पानी हो सकता है, जिसे पीकर लोग बीमार हो रहे हैं। इसके अलावा लगातार बदल रहे मौसम का भी प्रतिकूल असर पड़ रहा है। हो सकता है जो खाना लोगों ने खाया, वह भी ठीक नहीं हो। चूंकि यह मच्छरों का ब्रीडिंग सीजन भी है और बारिश के बाद यह जगह इसके लिए बहुत माकूल बन गई है, ऐसे में यहां बहुत मच्छर भी हो गए हैं।

डॉक्टरों का कहना था कि एमसीडी को यहां लगातार फॉगिंग करनी होगी, ताकि मच्छरों को पनपे से रोका जा सके। डॉक्टरों ने लोगों से मिल रहे सहयोग की भी भरपूर सराहना की। उन्होंने बताया कि मरीजों की तादाद बढ़ने के बाद दवाइयां कम पड़ रही थी इसलिए हमने मीडिया के जरिए लोगों को इस बारे में बताकर उनसे मदद की अपील की थी, जिसके बाद सैकड़ों लोग दवाइयां लेकर यहां पहुंच गए और अब जरूरत से ज्यादा दवाइयां हो गई हैं।

गौरतलब है कि इस हेल्थ कैंप में 35 डॉक्टरों की टीम लगी हुई थी, जिनमें नर्सिंग स्टाफ भी शामिल थे। कई अन्य डॉक्टर भी लगातार यहां सहयोग के लिए आ रहे थे। यहां तैनात ज्यादातर डॉक्टर बड़े सरकारी और प्राइवेट अस्पतालों से जुडे हुए थे, लेकिन अन्ना को समर्थन देने के लिए वे अपना सब काम छोड़कर स्वेच्छा से यहां आए थे। इनमें कुछ महिला डॉक्टर और नर्सिंग सुपरिटेंडेंट भी शामिल थे।

20

विदेशों में भी छाए हजारे!

हनोई

भ्रष्टाचार पर लगाम के लिए कड़े कानून को लेकर अन्ना हाजरे के अनशन की चर्चा विदेशों में भी खूब रही। एशियाई विकास बैंक की यहां चल रही बैठक में भी अन्ना हजारे का जिक्र आया। इस मौके पर वित्त मंत्री प्रणव मुखर्जी को मानना भी पड़ा कि सरकार पर इस मामले में सामाजिक संगठनों का दबाव पड़ा था।

बैठक के दौरान गवर्नर्स सेमिनार में इस बारे में सवाल पूछे जाने पर मुखर्जी ने कहा, 'सामाजिक संगठनों के दबाव में सरकार ने तत्काल कार्रवाई की। कोई भी जिम्मेदार और जवाबदेही सरकार इसकी अनदेखी नहीं कर सकती।' वित्त मंत्री ने कहा कि हजारे और समाज के अन्य लोगों के प्रयास से भ्रष्टाचार के महत्वपूर्ण मुद्दे की ओर ध्यान केंद्रित हुआ है।

उन्होंने लोकपाल बिल का मसौदा तैयार करने के लिए सरकार और सिविल सोसायटी का साझा समिति पर कहा, 'कानून बनाने में समाज की भागीदारी हमारी बहुदलीय लोकतांत्रिक प्रणाली में एक नया आयाम है।'

मुखर्जी से 2 जी स्पेक्ट्रम आवंटन घोटाले के बारे में सवाल किए गए। वित्त मंत्री ने कहा कि सी बी आई ने इस मामले में अनियमितताओं की जांच सरकारी ऑडिटर केग की रिपोर्ट से पहले ही 2008 में शुरू कर दी थी। भारत में भ्रष्टाचार के खिलाफ कार्रवाई की स्वस्थ परंपरा का उल्लेख करते हुए वित्त मंत्री ने कहा कि एक मामले में तो पूर्व प्रधानमंत्री के खिलाफ भी आरोप पत्र दायर किया गया था। गौरतलब है कि 1997 में झारखंड मुक्ति मोर्चा रिश्वत कांड में सीबीआई ने नरसिम्हा राव के खिलाफ आरोप पत्र दायर किया था।

अमेरिका में भी 'अन्नागीरी'

अमेरिका में भी अन्ना के अनशन की चर्चा रही। भारतीय मूल के लोगों का प्रतिनिधित्व करने वाले दो समूहों ने भारतीय डायसपोरा में भारत में फैले भ्रष्टाचार के बारे में जागरूकता फैलाने के लिए बड़े पैमाने पर आंदोलन चलाने की योजना बनाई।

'द फ्रेंड्स ऑफ इंडिया सोसायटी ऑफ इंटरनेशनल एफआईएसआई' – बीएसओ विदेशों में रह रहे भारतीयों को भारत में फैले भ्रष्टाचार के खिलाफ जागरूकता के लिए बड़े पैमाने पर आंदोलन चलाने और अनशन करने की योजना बना रहे है।

उन्होंने कहा कि भारत में और बाहर रहने वाले भारतीयों के हितों की रक्षा के लिए एफआईएसआई दुनिया के सभी कोने से भारत मित्रों को एकत्र करेगा। बीएसओ बाबा रामदेव के भारत स्वाभिमान आंदोलन से प्रेरित है। इसकी शुरूआत करने के लिए दोनों संस्थांए पूरे अमेरिका में अनशन का कार्यक्रम करने की योजना बना रही है। बिल्कुल वैसा ही जैसा भारत में अन्ना हजारे ने किया। कम से कम एक दिन का अनशन करना इस कार्यक्रम का हिस्सा है।

21

अन्ना के नाम पर हुड़दंग

भले ही युवाओं का अन्ना हजारे के आंदोलन को जबर्दस्त समर्थन मिल रहा हो, परंतु इनके बीच कई युवा ऐसे भी हैं, जो इस मुहिम का नायायज फायदा भी उठा रहे हैं। ये ऐसे युवा हैं, जिन्हें लगता हैं कि शायद अन्ना को समर्थन देने के नाम पर खुलेआम हुड़दंग करने की छूट मिल गई है। इन लोगों को पता है कि पुलिस भी अब मजबूर है और ज्यादा कुछ करेगी नहीं, ऐसे में इन युवाओं को किसी का खौफ भी नहीं है।

पिछले कुछ दिनों में लगातार दिल्ली के विभिन्न इलाकों में युवाओं के कई ऐसे समूह नजर आ रहे थे जो खुलेआम ट्रैफिक नियमों और कायदे कानूनों का जमकर उल्लंघन कर रहे थे। कही एक बाइक पर चार-पांच युवक हाथ में तिरंगा लेकर निकल पड़ते थे तो कई पर युवाओं का समूह गाड़ी की छत पर बैठकर नारे लगाते हुए शहर की सड़कों पर निकल पड़ते थे। ट्रैफिक नियमों की तो खुलेआम धज्जियां उड़ाई जा रही थी। कोई बिना हेलमेट पहने निकल रहा था, तो कोई रेड लाइट जंप कर रहा था, तो कोई कहीं भी गाड़ी पार्क कर दे रहा था, तो कोई कहीं भी गाड़ी पार्क कर दे रहा था। आमतोर पर सख्य रवैया अपनाने वाली दिल्ली पुलिस भी इनके सामने बेबस नजर आ रही थी।

जब अन्ना हजारे तिहाड़ से रामलीला मैदान पहुंचे तो युवाओं के कई समूह गाड़ियों में लदकर यहां पहुंचे। कई स्कूली बच्चे तो टेंपो के चारों ओर लटक कर पहुंचे, तो कई युवा कारों और जीपों की छत पर झंडा लहराते हुए आए। इनका रवैया ऐसा था, मानो हाथ में झंडा लेने के बाद उन्हें कानून तोड़ने का लाइसेंस मिल गया हो। हैरानी की बात यह थी कि एक तरफ जहां टीम अन्ना अपने समर्थकों के अच्छे बर्ताव का दम भरती नहीं थक रही, वहीं दूसरी तरफ हुड़दंगी समर्थकों का यह वर्ग टीम अन्ना और उनके समर्थकों की साख पर बट्टा लगा रहा था।

22

खतरा पहरेदारों से है न कि चोरों से

सरकार पर टीम अन्ना ने जमकर हमला बोला ओर पूछा कि लोकपाल बिल पिछले 42 साल से पेडिंग है, और इसे अब तक पास क्यों नहीं किया गया। क्या देश की जनता को और 42 साल इंतजार करना होगा।

अन्ना के सहयोगियों ने स्टैंडिंग कमिटी में शामिल किए गए सदस्यों पर भी कटाक्ष किया और कहा कि भ्रष्टाचार के आरोपों से घिरे सांसद क्यों चाहेंगे कि इस पर अंकुश लगाने वाला कानून बने। अनशन पर बैठे अन्ना ने लोगों से कहा कि यह तो केवल एक शुरूआत है और आने वाले दिनों में भूमि सुधार, किसान अधिकार और एक बेहतर शिक्षा प्रणाली समेत कई मुद्दों पर आंदोलन होंगे।

अन्ना के पास कोई हथियार नहीं

एक प्रेस कॉन्फ्रेंस के दौरान वरिष्ठ वकील और लोकपाल बिल के लिए बनी संयुक्त समिति के सदस्य प्रशांत भूषण ने कहा कि सरकार में शामिल कुछ लोग कह रहे हैं कि अन्ना ब्लैकमेलिंग पर उतर आए हैं। यह सरासर गलत है। अन्ना के पास कोई हथियार नहीं है। अगर सरकार अपने भ्रम को दूर करने के लिए जनमत संग्रह कराकर सकती है। तो उसे पता चल जाएगा। कि देश की जनता जन लोकपाल

के समर्थन में है या फिर सरकारी लोकपाल के समर्थन में।

अन्ना ने कहा ऐसे लोगों को पागलखाने भेज दो

एक सवाल के जवाब में अन्ना ने कहा कि अभी तो सरकार यह कह रही है कि आंदोलन को बीजेपी और आरएसएस का समर्थन मिला है। हो सकता है कि कुछ दिन बाद सरकार कहने लगे कि उनके आंदोलन के पीछे अमेरिका और पाकिस्तान का हाथ है। अन्ना ने कहा कि इस तरह की बातें करने वाले लोगों को पागल खाने भेज देना चाहिए। टीम अन्ना ने स्टैंडिंग कमिटी द्वारा अखबारों में दिए गए विज्ञापन में भ्रामक बताया।

पहरेदारों से देश को खतरा

इससे पहले रामलीला मैदान में सुबह अन्ना ने लोगों से कहा कि खजाने को चोरों से नहीं पहरेदारों से खतरा है और देश को दुश्मनों से नहीं, गद्दारों से खतरा है।' उन्होनें अपनी सेहत को लेकर लोगों को आश्वस्त किया और कहा कि थोड़ी कमजोरी है, लेकिन चिंता करने की जरूरत नहीं है।

अरविंद केजरीवाल ने देशवासियों से बगावती तेवर अपनाने की अपील करते हुए कहा कि लोग अपने सांसदों के घरों के सामने धरने पर बैठें और जो ऐसा नहीं कर सकते, वे उन्हें चिट्ठी लिखें कि सांसद जन लोकपाल बिल का समर्थन करें। पूर्व कानून मंत्री शांति भूषण ने कहा कि सरकार में इच्छाशक्ति हो और वह जनता की आवाज को पहचान ले तो इस बिल को 30 अगस्त तक पारित किया जा सकता है। केजरीवाल ने एक अहम खुलासा करते हुए कहा कि देश के नौ राजनीतिक दलों ने सरकार द्वारा संसद में पेश लोकपाल विधेयक के मसौदे को वापस लेने के लिए एक प्रस्ताव पारित किया है।

23

हमें अन्ना चाहिए

कभी-कभी वास्तविक जिंदगी यानी रियल लाईफ, रील लाईफ अर्थात फिल्मी जिंदगी का अनुकरण करती दिखती है। पिछले दिनों वही नज़ारा हम सबके सामने नमूदार रहा है। ऐसे दृश्य बॉलीवुड की फिल्मों का हिस्सा करते थे, जब कोई नामालूम-सा नायक अचानक ऐसा कोई कदम उठाता कि लाखों लोग सड़कों पर उतर आते और शैतान यानी जनता के दुश्मन का खातमा हो जाता है।

अभी उस मुहिम पर पटाक्षेप हो चुका दिखता है, मगर विगत कुछ दिनों से 'अन्ना की अगस्त क्रांति' से या 'आज़ादी की दूसरी लड़ाई' से हम रूबरू हो रहे हैं, जिसमें 74 साल का एक रिटायर्ड फौजी- जिसका नाम चन्द माह पहले तक सूबा महाराष्ट्र तक सीमित था- तमाम लोगों का नायक बन कर उभरा है।

राजनीति से दूर रहने वाली युवा पीढ़ी से लेकर गृहिणियों, किशोरों, बुज़ुर्गों तक, समाज के विभिन्न तबकों को उसकी मराठी मिश्रित हिन्दी में व्यक्त विचारों में उम्मीद की नयी किरण नज़र आ रही है। देश के विभिन्न शहरों, नगरों, कस्बों में उसके समर्थन में जुलूस निकले हैं। और

अगर स्वतंत्र स्रोतों से आने वाली ख़बरों पर यकीन करें तो यही सुनाई दे रहा है कि हुकूमत की बागडोर सम्भालने वाले लोग इस अलग ढंग की 'सुनामी' से निपटने के नये फार्मूलों पर सोचते रहे हैं। आंदोलन के परिणामस्वरूप सरदार द्वारा संसद की बैठक में लोकपाल बिल के विभिन्न मसविदों को लेकर चर्चा शुरू किया गया।

अगर हम फिलवक्त इस 'उभार' से जुड़े कई विवादास्पद पहलुओं पर गौर न करें तब भी यह मानना ही पड़ेगा कि भ्रष्टाचार के मसले पर ली गयी इस पहल ने तमाम लोगों को अपनी ओर आकर्षित किया है। भले ही जनलोकपाल के प्रावधानों से लोग परिचित न हों, मगर उन्हें लगता है कि इस नये नुस्खे से उन्हें उन तमाम दिक्कतों, परेशानियों से निज़ात मिलेगी, जिसका सामना उन्हें आए दिन सरकारी दफ्तरों में करना पड़ता है।

स्पष्ट है कि इस अप्रत्याक्षित 'आंधी' ने तमाम सियासी पार्टियों के समीकरण फिलवक्त ध्वस्त किए हैं। अपने युवराज की छवि से आल्हादित कांग्रेस पार्टी रक्षात्मक पैंतरा अख्तियार करने के लिए मजबूर हुई है, भाजपा जो इस पूरे आंदोलन के खत्म हो जाने के बाद सबसे अधिक सियासी लाभ ले पाने की स्थिति में दिखती है वह भी फिलवक्त उस सेनापति की तरह नजर आ रही है, जिसकी तमाम दूरंदेशी का फायदा दूसरे लोग उठाते दिख रहे हैं। यह अकारण नहीं है कि संघ की अखिल भारतीय प्रतिनिधि सभा की हालिया बैठक, जिसमें आडवाणी, गडकरी एण्ड कम्पनी के लोगों को भी बुलाया गया था, वहां भाजपा के इन कर्णधारी को संघ सुप्रीमों की यह डांट सुननी पड़ी कि आखिर वे क्यों नहीं ऐसी सरगर्मी खड़ा कर सके। इतना ही नही, भाजपा संसदीय दल की बैठक में भी कुछ वरिष्ठ सांसदों ने पार्टी के इस

मसले पर रूख को ढुलमूल करार दिया और नेतृत्व को यह कह कर कटघरे में खड़ा करने की कोशिश की वह जनता के अन्दर उफनते गुस्से का भांप नहीं सकी।

मगर समाजी-सियासी बढ़ते पारे में सबसे अधिक दिग्भ्रम की स्थिति में सामाजिक आंदोलनों के लोग या वाम के धड़े दिखे हैं, जिनके सामने यह यक्ष प्रश्न बना रहा है कि किया क्या जाए?

आधिकारिक तौर पर वामपंथी पार्टियों ने 'जन लोकपाल बिल' के बारे में कोई पोजिशन नहीं ली। मगर स्थानीय स्तर पर हम पा रहे हैं कि उनके संगठनों के कार्यकर्त्ता इस 'ऐतिहासिक क्षण' में जनता के साथ खड़े रहे दिखना चाहते रहे हैं। शायद इस उलझन की स्थिति का ही नतीजा था कि जनान्दोलनों के राष्ट्रीय समंवय के अंदर भी लंबे समय तक उहापोह की स्थिति बनी रही। औपचारिक तौर पर अण्णा हजारे की मुहिम को समर्थन देने के बावजूद मेधा पाटेकर जैसे उसके अग्रणी नेता पहले उससे दूर रहे, और आज भी कई लोग अंदर ही अंदर दूरी बनाए हुए हैं।

दिग्भ्रम की स्थिति का आलम यह है कि मैं खुद यह पा रहा हूँ कि विगत लगभग दो दशक से तमाम ऐसे साथी, दोस्त जो साम्प्रदायिकता, मजदूरों के जनवादी, मजदूरों के जनवादी अधिकार, जातीय उत्पीड़न, अमेरिकी दादागिरी या ऐसे ही तमाम जनपक्षीय मसलों पर हमेशा साथ खड़े रहते आए हैं, वह स्पष्टतः अलग खेमे में बंटे हुए हैं।

वैसे कोई सत्तर के दशक का एक उद्धरण देकर यह भी कह सकता है- ''यह जमाना ही ऐसा है कि अगर आप कनफ्यूज्ड नहीं हैं तो इसका मतलब है कि आप सही ढंग से सोच नहीं रहे हैं''

भारत के स्वतंत्र वाम की यह खासियत है कि वह हमेशा अपने आप को लोकप्रिय उभारों के खिलाफ खड़ा पाता है. लोकपाल आंदोलन इसका अपवाद नहीं है.

निवेदिता मेनन, जो इन दिनों जवाहरलाल नेहरू विश्वविद्यालय में राजनीति विज्ञान पढ़ाती है, ने अपने एक आलेख में आंदोलन के बारे में अपनी चिंताओं को सांझा किया है। लोकपाल आंदोलन के प्रति वाम के रूख पर इस अध्याय में उनका फोकस है। वाम के अपने मायने स्पष्ट करते हुए वह लिखती हैं कि वह कुछ सौ लोग ''जो उनकी अपने समूह/कम्युनिटी का हिस्सा हैं- ऐसे लोग जिनके साथ मैंने विरोध प्रदर्शनों का आयोजन किया है, अभियानों का संचालन किया है, धरने पर बैठी हूं व विभिन्न मसलों पर याचिकाएं भी दायर की हैं.'' उनका कहना है कि 'वाम' हमेशा अपने आप को ऐसी स्थिति में क्यों पाता है, जहां 'पीपुल/अवाम' नहीं होता है।'

उनका कहना है कि 'अन्ना हजारे जैसी शख्सियत के इर्दगिर्द खड़े इस जनउभार के दौरान मैंने अपने आप को अपने समुदाय/कम्युनिटी से अधिकाधिक अलग-थलग पाया है'.

'मैं अपने इर्दगिर्द जनतंत्र के विशुद्ध आदर्शो का आनन्दोत्सव देख रही हूं- यह विचार कि 'हम लोग' सम्प्रभु हैं और सियासतदां जनता के सेवक हैं, कि कानूनों को लोगों की जरूरतों व मांगों के इर्दगिर्द उभरना चाहिए, जबकि मेरा समुदाय देख रहा है जातिवादी एवं साम्प्रदायिक मध्यवर्गीयों का विचारहीन जमावड़ा। आगे वह लिखती हैं कि हमारी समस्या यही है कि शुद्धता की हमारी खोज अक्सर गहरी असुरक्षा की अभिव्यक्ति होती हैं।

अपने समुदाय एवं अपने विचारों के बीच इस अन्तराल की चर्चा के सिलसिले में वह तहरीर स्क्वेचयर की चर्चा करती हैं, जहां अवाम को मिली कामयाबी को सभी ने सेलिब्रेट किया था। उनका कहना है कि वहां पर भी सभी किस्म के लोग उपस्थित थे, जिसमें इस्लामिस्ट भी थे, खालिस पूंजीवादी थे, ऐसे लोग भी थे जो अपनी पुत्रियों को पीटते हैं और हर किस्म के प्रतिक्रियावादी भी उपस्थित थे।

हर जनान्दोलन में ऐसे तमाम लोगों की - जो कहीं-कहीं आपस में अन्तर्विरोधी भी जान पड़ती है- उपस्थिति को रेखांकित करते हुए वह कहती हैं कि सम्पूर्ण शुद्धता व हमारे समग्र सियासी एजेण्डे से साथ बिन्दु दर बिन्दु मेल को अगर अनिवार्य मान लिया जाए तो नारीवादियों के लिए हमेशा ही इतिहास की वेटिंग रूम में जगह मिल पाती।

राजधानी में ''प्रतिवाद एवं प्रतिरोध का दायरा किस तरह इंच दर इंच सिमटता जा रहा है और हम लोग किस तरह पीछे हटने के लिए मजबूर हो रहे हैं'' इसकी चर्चा करते हुए वह आगे लिखती हैं कि ऐसी पृष्ठभूमि में ''इन्सानियत का प्रचण्ड सैलाब हमारे सामने नमूदार होता है, जो शान्तिपूर्ण भी है और अहिंसक भी है, जो शहर को अपने आगोश में लेता है, क्या हमें इसका जश्न नहीं मनाना चाहिए?''

सरकारों को जनता के प्रति जवाबदेह बनना चाहिए, यह बड़ा लक्ष्य आंदोलन द्वारा किस तरह अभिव्यक्त हो रहा है, इसे रेखांकित करते हुए वह आंदोलन की आत्मप्रश्नेयता और आलोचना के प्रति प्रतिक्रिया की तारीफ भी करती हैं।

जनलोकपाल के लिए चली पहली भूख हड़ताल में भारतमाता के चित्र की हुई आलोचना के बाद इस बार बैकड्रोप के तौर पर महात्मा

गांधी के चित्र या जनलोकपाल की देखरेख करने के लिए पहले दौर में प्रस्तावित गणमान्य नागरिकों की टीम-जिसमें मैगसेसे पुरस्कार विजेता शामिल होंगे, के विवादास्पद होने पर उसका खारिज किया जाना, बाबा रामदेव को हाशिये पर डाल देना, जैसी घटनाओं को वह निरन्तर आत्मसुधार के उदाहरण के तौर पर देखती हैं।

निवेदिता 'भष्टाचार' के इस ताजा उठे मसले की तुलना आजादी के आंदोलन में नमक के लिए हुए दांडी मार्च से करती हैं, जो मसला हर व्यक्ति को छूता है और राज्य की उत्पीड़नकारी व्यवस्था को रेखांकित करता है।

वह यह भी मानती हैं कि भ्रष्टाचार के लिए सरकार एवं नौकरशाही को जवाबदेह बनाना एक तरह से कार्पोरेट भष्टाचार पर भी अंकुश लगाएगा क्योंकि आखिर हर कानून एवं नियम तोड़ने के लिए कार्पोरेट सम्राटों को आखिर सरकारी मुलाजिमों को ही रिश्वत देनी पड़ती है।

अन्ना हजारे के इर्द-गिर्द खड़े इस आंदोलन पर 'गैरराजनीतिक' या 'राजनीतिक वर्गों का विरोधी' होने के जो आरोप लगते रहते हैं, उसे खारिज करते हुए वह कहती हैं कि 'हम लोग सम्प्रभु हैं, और हम जिन्हें संसद भेजते हैं, उनसे पूरी जवाबदेही चाहते हैं' यह मांग करनेवाले प्रस्तुत आंदोलन पर ऐसा दोषरोपण उचित नहीं है।

अन्त में वह सरकारी लोकपाल बिल को खारिज करते हुए जनलोकपाल बिल की मांग को लेकर अन्ना हजारे द्वारा दिए गए अल्टीमेटम का इस आधार पर समर्थन करती हैं क्योंकि 'चालीस साल से यह मामला लटका हुआ है और छह बार ऐसा बिल संसद के सामने

पेश किया जा चुका है'।

उनका कहना है कि ''यह ऐसा अवसर है जो सम्भावनाओं से भरा है. जिस तरह राष्ट्रीय आजादी को हासिल किए जाने के बाद विवादों की नयी रेखाएं उभरीं व पुराने विवाद भी खड़े हुए, इस अभियान की किसी भी रूप में कामयाबी अधिक विवादों को जन्म दे सकती हैं, जिस तरह ''इंड़िया'' के आगमन ने सम्भावनाओं एवं खतरों के दरवाजे खोले, वहीं सिलसिला यहां पर भी दोहराया जाएगां, बदलाव की किसी भी परियोजना के साथ यह बात अनिवार्य रूप से जुड़ी है.''

किशोर झा, जो अपने छात्र जीवन में दिल्ली की क्रांतिकारी छात्र राजनीति में एक समय अपनी अलग पहचान बनाने में कामयाब 'प्रोग्रेसिव स्टुडेंटस यूनियन' से उसकी स्थापना के समय से जुड़े थे, और जो इन दिनों एक सामाजिक संस्था में कार्यरत हैं, निवेदिता मेनन द्वारा उठाए गए सवालों के सन्दर्भ में चन्द बातें पेश करते हुए लिखते हैं:

'मुझे लगता है कि निवेदिता का पहला सवाल निश्चित ही एक वाजिब सवाल है व वाम के तमाम लोग लम्बे समय से इस पर सोच रहे हैं. वह इस बात से सहमत होंगी कि यह नया प्रश्न नहीं है और यह प्रश्न हमेशा उठता है जब हम किसी मुद्दे पर लोगों की लामबन्दी देखते हैं और सोचते हैं कि हम लोग ऐसे मुद्दे को क्यों नहीं उठा पाले हैं?

हम लोग मण्डल विरोधी आंदोलन के शुरूआती दिनों में भी अक्सर इस सवाल पर बात करते थे व कभी-कभी इस बात से परेशान होते थे कि तमाम कोशिशों के बाद हम लोग अधिक से अधिक सौ

लोग जुटा पाते हैं और अब हजारों छात्र सड़कों पर हैं।

अवश्य ही मण्डलविरोधी या मन्दिर के हक में खड़े आंदोलन के बारे में पोजिशन लेना कठिन नहीं होता मगर मामला उतना आसान नहीं रहता जब हम मुद्दे से सहमत हों, मेरे लिए सवाल यही है कि वाम ऐसे मुदे क्यों नहीं उठा पाता जो लोगों के लिए महत्वपूर्ण हो न कि यह कि वह ऐसे आन्दोलनों में शामिल क्यों नहीं होता जो क, ख या ग द्वारा शुरू किए गए हों, मामला उतना सीधा भी नहीं होता, वाम ने अक्सर लोगों को बढ़ती अनाज की कीमतें या महंगाई पर लामबन्द करने की कोशिश की है मगर उसे कभी लोगों या मीडिया द्वारा इतना जबरदस्त रिस्पान्स नहीं मिला।

अन्ना के समर्थन में एवं सरकार के अंहकार के खिलाफ लोगों के सड़कों पर उतरने का विश्लेषण करते हुए वह लिखते हैं कि "लोग भ्रष्टाचार के तमाम काण्डों से क्षुब्ध हैं और अब जब उन्हें मौका मिल रहा है, उसे अभिव्यक्त कर रहे हैं." मगर साथ में वह इस बात को भी स्पष्ट करते हैं कि यह कोई जरूरी नहीं कि सड़कों पर उतरे इन लोगों के सहारे "राजधानी में घटते जनतांत्रिक दायरे के संघर्ष को लड़ा जा सकता है।"

उनके अनुसार "मैं ऐसी किसी स्थिति की कल्पना नहीं कर सकता, जब वाम इससे जुड़े और इस आंदोलन को जनतांत्रिक दायरों के संकुचन के खिलाफ मोड़ दे... इसलिए तहरीर स्क्वेयर के साथ इसकी तुलना करना उचित नहीं होगा।"

प्रस्तुत आंदोलन में वाम की असहभागिता की तुलना आजादी के आंदोलन में वाम द्वारा की गयी ऐतिहासिक भूल करने से बचते हुए वह

लिखते हैं कि "मुझे इसकी जरूरत नहीं दिखती कि ऐसी तुलना की जाए.... दरअसल टीम अन्ना द्वारा इस आंदोलन को आजादी की दूसरी लड़ाई कहना या इसे क्रान्ति कहना तथा मीडिया द्वारा इसी बात को प्रोजेक्ट करने से मैं अपने आप को सहमत नहीं पाता। अन्ना आंदोलन के समावेशी होने के बारे में निवेदिता के लेख के उदाहरणों की चर्चा करते हुए - जिसमें एक दलित युवती को उद्धृत किया गया है- वह जोर देते हैं कि "इस आंदोलन में ऐसा कोई समावेशीपन मैं नहीं देख पाता और मैं इस बात पर सहमत भी नहीं हूं" अन्त में वह निवेदिता की इस चिन्ता को साझा करते हुए कि "मैं इस बात पर सहमत हूं कि अक्सर वाम का लोगों की नब्ज से हाथ ढीला पड़ा है और उसे चाहिए कि वह मनरेगा, सूचना अधिकार, विस्थापन आदि मसलों पर अधिक सक्रिय हो जिसकी अगुआई एनजीओ टाइप आंदोलन कर रहे हैं।"

निवेदिता अपने आलेख की शुरूआत में स्वतंत्र वाम के जिन "कुछ सौ लोग" जो उनकी अपने समूह/कम्युनिटी का हिस्सा है" की बात करती हैं, उनका उल्लेख करते हुए किशोर कहते हैं कि "मुझे ऐसे लोगों की अधिक उपयोगिता आंदोलन को आलोचनात्मक ढंग से देखने में तथा बहस मुबाहिसा खड़ा करने में प्रतीत होती है भले ही वह रामलीला मैदान में उपस्थित न हों।"

वाम आंदोलन से जुड़े विभिन्न लोगों- जिनमें पुणे के अभय शुक्ला, नागपुर के अरविन्द घोष, पोस्को प्रतिरोध समिति के असित दास, माईनिंग जोन पीपुल्स सालिडारिटी ग्रुप के बिजू मैथ्य, किरण शाहीन, कैम्पेन फार सरवायबल एण्ड डिग्निटी के शंकर गोपालकृष्णन, कष्टकरी संगठन की शिराज बलसारा आदि के नाम हैं-ने पिछले दिनों हस्ताक्षर अभियान के मकसद से एक अपील एक महान अवसर, एक

गम्भीर शीर्षक से जारी की है जो अन्ना हजारे आंदोलन के सन्दर्भ में उभरनेवाली दो आम प्रतिक्रियाओं की बात करते हुए एक तीसरे रूख पर जोर देती है.' अपील को लगभग पूरी तौर पर यहाँ पेश किया जा रहा है:

कुछ लोग इस परिस्थिति को मध्यमवर्ग द्वारा संचालित "शहरी पिकनिक" कह कर खारिज करते हैं जबकि अन्य, जिनमें मुख्यधारा की मीडिया शामिल है, कह रहे हैं कि "जनता की सत्ता" कायम करनेवाला यह इन्कलाबी आंदोलन है।

इसी किस्म का विभाजन हम प्रगतिशीलों एवं सामाजिक बदलाव के प्रति सरोकार रखनेवालों में भी देख रहे हैं. इस विभाजन में कौन कहां खड़ा है, इसी के आधार पर रणनीतियां तय हो सकती हैं. समस्या यह है कि कोई भी प्रतिक्रिया जो कुछ घटित हो रहा है, उस यथार्थ को प्रतिबिम्बित करती नहीं दिखती।

इस बात को नोट करना चाहते हैं कि हमारी पोजिशन प्रस्तुत परिस्थिति में क्या किया जा सकता है, इस पर केन्द्रित है और वह सरकार को बचाने के लिए नहीं है। संयुक्त प्रगतिशील गठबन्धन सरकार के बर्बर, भ्रष्ट एवं जनतंत्र विरोधी कदमों की हम भर्त्सना करते हैं: हम भाजपा एवं उसके सरकारों की उन कार्रवाईयों को भी खारिज करते हैं जिसमें वे अपने आप को भष्टाचार के विरूद्ध योद्धा के तौर पर पेश कर रहे हैं।

सरकार द्वारा पेश खतरनाक लोकपाल बिल को वापिस लिया जाए व एक ऐसी प्रक्रिया शुरू की जाए ताकि भ्रष्टाचार को शिकस्त देने के लिए जनता के नियंत्रण के प्रभावी संस्थानों को कायम किया जा सके.

प्रस्तुत बयान जारी करने का मकसद उन गलत रणनीतियों के प्रति आगाह करना है, जो उसी राज्य को मजबूत करती दिखती है, जिसके खिलाफ हम संघर्ष करते रहे हैं।

अवसर

यह सही है कि अब तक जारी विरोध प्रदर्शनों पर मध्यम वर्गों का वर्चस्व रहा है, जिन्हें मध्यम वर्ग ने बढ़ा चढ़ा कर पेश किया है। परंतु इसका मतलब यह कत्तई नहीं है कि यह प्रक्रिया अर्थहीन हो चुकी है। चूंकि राष्ट्रीय स्तर पर मजदूर वर्ग के बीच कोई संगठित आंदोलन नहीं है, न वैकल्पिक मीडिया है और न ही अस्तित्वमान व्यवस्था के विकल्प के तौर पर सचेत ढंग से प्रस्तुत नक्शा है, जिसकी वजह से मध्यम वर्ग का आंदोलन अधिक व्यापक हो सकने की संभावना अवश्य है। यही वह वजह है हमें चाहिए कि हम इस परिस्थिति को खारिज न करे। जितना अधिक लोग इस व्यवस्था की असलियत उज़ागर होते देख रहे हैं, और अपने गुस्से का इज़हार करते दिख रहे हैं उतना ही यह अवसर है कि उसे बेपर्द करने का और किसी नयी चीज के लिए संघर्ष करने का। जो लोग बदलाव के लिए लड़ते हैं, उनके लिए संकट ही नए अवसर उपलब्ध कराता है।

लाजिम है कि हम उन लोगों से सहमत नहीं है जो इन विरोध प्रदर्शनों और भूख हड़ताल को संसद के भयादोहन के तौर पर देखते हैं। इस मुल्क में संसदीय जनतंत्र कभी अत्यधिक सीमित दायरे से आगे नहीं बढ़ सका है। हाल के वर्षों में इस दायरे को भी उन ताकतों ने अर्थहीन बना दिया है, जो फिलवक्त उसकी दुहाई दे रहे हैं। उदाहरण के तौर पर विशेष आर्थिक क्षेत्रों पर अधिनियम संसद में महज एक दिन की चर्चा के बाद पारित किया गया था। आर्थिक सुधारों को भी चोरी

छिपे लागू किया गया है। रिटेल अर्थात् फुटकर व्यापार में विदेशी पूंजी निवेश पर मुहर लगने वाली है और यूआईडी अर्थात् आधार कार्ड देने की योजना आगे बढ़ी है, बिना संसदीय संस्तुति के। आज जब नवउदारवादी कार्पोरेट हिमायती नेता अचानक संसद की पवित्रता की बात करने लगे हैं तो इस पर संदेह होना स्वाभाविक है। जब लोग खुद मानते हों कि यह व्यवस्था अंदर तक सड़ी है, तब हमें इस हकीकत को यह कह कर हल्का करने की कोशिश नहीं करनी चाहिए कि संसद इस समस्या पर विचार करेगी। खतरा संसद में नहीं है, वह कहीं और है।

खतरा

यह हकीकत कि लोग गुस्से में हैं। यह निश्चित ही एक अवसर है, लेकिन यहां भी एक जोखिम है क्योंकि इस गुस्से को ऐसी दिशा भी दी जा सकती है जो अस्तित्वमान सत्ता संरचना को मजबूत करे। उदाहरण के लिए:

इन विरोध प्रदर्शनों से यही संदेश संप्रेषित किया जा रहा है- भले ही नेतृत्व की रणनीति अलग हो कि अन्ना हजारे और "टीम अन्ना" को समर्थन दें। "पारदर्शिता" के सिद्धांत पर, इन जन अभियान में लोगों के जनतांत्रिक संगठन के विचार पर कोई भी जोर नहीं है। यह सवाल लाजिमी हो उठता है कि जो लोग इसमें भाग ले रहे हैं। उन्हें जनता की सत्ता कायम करने के लिए कहा जा रहा है या वे "अच्छे नेता" की ताकत बढ़ाने के लिए लड़ रहे हैं।

आंदोलन की मांग न्यूनतम अर्थों में भारतीय राज्य या समाज के जनतांत्रिकीकरण की बात नहीं करती। जिस जनलोकपाल की बात की

जा रही है, वह कुछ किस्म के भ्रष्टाचार को संबोधित कर सकता है, लेकिन उसका मकसद राज्य को अधिक नियंत्रण से लैस नहीं करता है।

उसे प्रभावी कदम के तौर पर पेश किया जा रहा है, इस वजह से नहीं कि वह जनतांत्रिक है, बल्कि इस वजह से कि वह जनतंत्र एवं राजनीतिक/सियासत के "ऊपर" स्थित होगा।

जिस तरह अन्ना एक अच्छे व्यक्ति हैं, जिन्हें समर्थन की जरूरत है, इसी तरह जनलोकपाल बिल भी अच्छे लोगों से बनेगा, जो सत्ता सम्भालने लायक होगा और जो उसे राज्य की 'सफाई' में लगा देगा।

इस विरोध प्रदर्शन में शामिल होने वाले लोग मीडिया के चलते इसमें शामिल हो रहे हैं। एकाध-दो अपवादों को छोड़ कर लामबंदी में किसी केन्द्रीय संगठन की कमी दिखती है। नतीजपन जहां नेतृत्व के लोग लोकप्रिय संघर्ष एवं जनतांत्रिक सिद्धांतों की बात करते हैं, उन पर हावी होता है यह विचार कि मौजूदा सत्ताधारियों को निशाना बनाया जाए और उसके स्थान पर अधिक "स्वच्छ" संस्था कायम की जाए।

इन सबका नतीजा यही होता है कि "भ्रष्टाचार" को बहुत सीमित तरीके से परिभाषित किया जाता है, जिसके मायने होता है, कानून के उल्लंघन से फायदा उठाना। इन आंदोलन का भी अहम संदेश है- नियमों पर यकीन करो, राज्य पर यकीन करो, लोकपाल पर यकीन करो, असली मसला यही है कि अच्छे नेताओं को तलाशा जाए ओर उन पर विश्वास किया जाए।

अवश्य ही यह कोई जनतांत्रिक संदेश नहीं है, यह एक जनतंत्रविरोधी संदेश है। भारत में इस वक्त, वह खतरनाक भी है। इस देश में बर्बरता, नाइंसाफी और उत्पीड़न महज कानून के उल्लंघन का नतीजा नहीं है।

दरअसल, उसका अधिकतर भाग इसी वजह से घटित होता है क्योंकि कानून बना हुआ है। हमारी राज्य मशीनरी ने इस बात को स्पष्ट प्रदर्शित किया है कि वह मानवभक्षी निजी पूंजी की चाकर है। भ्रष्टाचार में हाल में आयी तेजी का यही सबसे बड़ा कारण है।

ऐसा सुपर मुनाफे के लिए किया जा सकता है। कभी-कभी इसे किसी कानून का उल्लंघन कहा जाता है, जिसे ही बदल दिया जाता है। विशेष आर्थिक क्षेत्र अधिनियम एक अच्छा उदाहरण है। इसने पूरे मुल्क में जगह-जगह जमीनों को छीनने के सिलसिले को तेज किया था, जो वैश्विक आर्थिक संकट के चलते ही धीमा हो सकता था, लेकिन आप गौर करेंगें कि 'सेज' संबंधित अधिकतर कार्रवाइयों में लोकपाल की निगाह से देखें तो कोई चीज "भ्रष्ट" नहीं थी। हमारे लोग घनीभूत होतें पूंजीवादी शोषण और दमन का शिकार हैं। क्या सही ताकतो के साथ खड़े अच्छे नेता इसे रोक लेते हैं?

कई लोग यह कहेंगें कि "निश्चित ही नहीं, एक जन लोकपाल सभी मसलों को सम्बोधित नहीं कर सकता।" यह सही हो सकता है, मगर आप गौर करेंगें कि यही संदेश संप्रेषित नहीं हो रहा हैं। इसके बजाय यही संप्रेषित किया जा रहा है कि लोकपाल टाइप समाधान और अन्ना हजारे किस्म के "अच्छे नेता" अन्याय के खिलाफ लोगों के गुस्से का जवाब हैं, जब नेतृत्व, रामदेव स्टाइल, अपनी मांगों की फेहरिसत में नये मुद्दे जोड़ने लगता है- जैसे कि भूमि अधिग्रहण को हाल में जोड़ा गया-तब यही खतरनाक संदेश संप्रेषित होता है।

ऐसा आंदोलन न केवल, ऐसे संदेश के जरिए, राज्य को कमजोर करता है, वह राज्य एवं उसके नेतृत्व को अधिक ताकतवर बनाने के लिए लोगों के समर्थन को प्रदान करता है। यही वजह है कि उसे

जिन्दल एल्युमिनियम से राष्ट्रीय स्वयंसेवक संघ तक सभी का समर्थन मिलता है।

क्या किया जा सकता है? यह हकीकत कि लोग सरकार के खिलाफ संघर्ष कर रहे हैं इसका मायने यह कतई नहीं हे कि वह राज्य से मुकाबला कर रहे हैं। भारतीय राज्य को एक राज्य के तौर पर-एक ऐसी लामबंदी से जिसका प्रमुख संदेश है कि बदलाव अच्छे नेताओं के जरिए मुमकिन होता है, चिन्तित होने की क्या जरूरत है? मौजूदा सत्ताधारी भले ही अपनी कुर्सी पर मंडराते खतरे से चिन्तित हों, मगर व्यवस्था खुद कहीं भी खतरे में नहीं है। दरअसल, खतरा राज्य या उसकी संस्थाओं को नहीं है। बल्कि उन कोशिशों को है, जिनका मकसद समाज में गहरे सामाजिक बदलाव लाना है। मौजूदा हालात में हमारे सामने जो द्वंद है, उसका जवाब यह नहीं है कि हम खुले दिल से आंदोलन से जुड़ें या बिल्कुल चुप हो जाएँ।

कुछ ने आंदोलन के इस दौर के प्रति अपने समर्थन का इजहार किया है, और वह इस कोशिश में भी हैं कि आंदोलन अन्य मुद्दों को भी उठाए। नेतृत्व के एक हिस्से की वाम एवं प्रगतिशील मसलों के प्रति सहानुभूति को अक्सर उद्धृत किया जाता है। लेकिन इन विरोध प्रदर्शनों के असली चालक-मीडिया और शहरी अभिजात तबके ऐसे किसी भी पोजिशन का विरोध करते हैं। हम सिर्फ इस बात की कल्पना ही कर सकते हैं कि क्या होगा अगर यह लामबन्दी अधिक रैडिकल दिशा में मुडेगी वही मीडिया जो आज "अण्णा ही इंडिया" बोल रहा है, तत्काल अपनी भाषा बदल देगा और आंदोलन बिखर जाएगा। इस हकीकत को देखते हुए इस अवस्था में आंदोलन से जुड़ना अनुत्पादक होगा। लोग इस बात में फर्क नहीं कर पाएंगे कि सामाजिक बदलाव के लिए कौन

शक्तियां सक्रिय हैं और कौन मौजूदा व्यवस्था को बचाए रखना चाहती है, अगर व्यवस्थाधर्मी ताकतें फेल होती हैं तो वे सामाजिक बदलाव की शक्तियों को भी नुकसान पहुचांएगी।

परंतु इस घड़ी में खामोश रहना मतलब एक अहम वक्त पर अप्रांसगिक होना है। यह बहुत महत्वपूर्ण है कि हम, इस आंदोलन की जनतंत्र विरोधी प्रवृतियों की आलोचना करते हुए मौजूदा राज्य की हिमायत न करने लग जाए। हमारा साफ मानना है कि वे लोग जो सामाजिक बदलाव चाहते हैं, उनका नारा संसदीय सर्वोच्चता का नहीं हो सकता।

हमें चाहिए कि हम दो किस्म की हकीकत पर अपने रूख को तय करें। पहला है कि घोटालों को मौजूदा विस्फोट नवउदारवादी नीतियों का प्रत्यक्ष परिणाम है, जिन्होंने राज्य की बड़ी पूंजी के मानवभक्षी एवं आपराधिक किस्म के उपकरण में तब्दील किया है। आज राज्य के समक्ष खड़ी चुनौती अधिक स्पष्ट है और भ्रष्टाचार उसका एक उदाहरण है। इसलिए भ्रष्टाचार के खिलाफ संघर्ष को अर्थव्यवस्था एवं समाज पर लोगों के नियंत्रण के संघर्ष से हट कर लड़ना नामुमकिन है। इसलिए हमारी मांगों का जोर राज्य की संस्थाओं पर लोगों की सत्ता के ऐसे गठन पर होना चाहिए।

दूसरी हकीकत यही है कि गुस्से एवं राज्य के प्रति संदेह का वर्तमान माहौल हमें यह मौका प्रदान करता है कि हम इन मुद्दों को उठाएं और भ्रष्टाचार तथा जिस व्यवस्था के अंदर हम रह रहे हैं, उसके अन्तसम्बन्ध को स्पष्ट करें। जितनी अधिक संख्या में राजनीतिक ताकतें, जनसंगठन और जनता के संघर्ष अपनी पहचान को 'इंडिया अगेन्स्ट करप्शन' से अलग रखते हुए ऐसा कर सकते हैं, उतना ही

अधिक यह मुमकिन होगा कि हम इस मौके का इस्तेमाल रैडिकल संघर्षों के निर्माण एवं विस्तार के लिए करें। अगर लोग इस बात को देख पा रहे हैं कि वह सड़ी हुई है तो इस समझदारी को इस जागरूकता में रूपान्तरित किया जा सकता है कि यह सडांध भ्रष्टाचार और बेईमान नेताओं से अधिक गहरी है। इस अवसर की यही चुनौती है।"

24

लोगों की अन्ना से चुनाव लड़ने की अपील

शुरू हुए अन्ना के आंदोलन से असहमत तबके ने यह कहना शुरू किया है कि अन्ना चुनाव में उतरें तो उनकी लोकप्रियता की पोल खुल जाएगी। अगर अन्ना को लगता है कि जन लोकपाल की उनकी मांग को जनता का समर्थन हासित है तो वह चुनाव क्यों नहीं लड़ लेते? इस संदर्भ में जब पाठकों से पूछा गया कि क्या उन्हें भी लगता है कि अन्ना हजारे को अपनी पार्टी बनाकर चुनाव लड़ना चाहिए?

उन्हें चुनाव में नही उतरना चाहिए। अहमदाबाद से रमन सिंह का कहना था कि देश में पहले से ही बहुत सी पार्टियां है। वास्तव में दो या तीन पार्टिया ही होनी चाहिए। ऐसे में अन्ना को एक और पार्टी बनाकर चुनाव लड़ने की कोई जरूरत नहीं है। दिल्ली के जितेंदर ने कहा कि देश को युवा नेता की जरूरत नहीं है। अन्ना की उम्र 74साल की है। ऐसे में उन्हे खुद चुनाव लड़ने के बदले अपनी जगह किसी युवा नेता को खड़ा करके उसका पूरा समर्थन करना चाहिए।

इसके विपरीत नेहरू विहार दिल्ली से अशोक वोहरा की राय थी कि हो सकता है सरकार अन्ना के दबाव के बावजूद जन लोकपाल

बिल पास न करे। ऐसी स्थिति में अन्ना को अपनी पार्टी बनाकर चुनाव लड़ना चाहिए। उनकी जीत निश्चित है। दिल्ली से ही रवि ने कहा कि अन्ना हजारे को चुनाव लड़ना चाहिए और किरण बेदी को अगला प्रधानमंत्री बनवाना चाहिए। उनके मुताबिक, इससे करप्शन का खात्मा हो जाएगा।

25

अन्ना की सुनो

देश के विख्यात गांधीवादी, ईमानदार और पारदर्शी चरित्र के अन्ना हजारे जन लोकपाल विधेयक पारित कराने के लिए आमरण अनशन पर जंतर मंतर पर बैठ गए। हजारे और देश के हजारों बुद्धिजीवी नागरिक एक अरसे से देश के कैंसर की तरह पनप रहे भ्रष्टाचार को मिटाने के लिए परेशान दिमाग और सक्रिय रहे हैं। सर्वोच्च पदों पर बैठे मंत्री और अफसरों के खिलाफ भ्रष्टाचार को लेकर दंड देने का कोई कारगर कानून नहीं है।

पूरी दुनिया में सबसे पहले स्वीडन में अम्बुड्समान अर्थात् लोकपाल के पद का आविष्कार किया गया था। उसे ऐसी शक्तियाँ दी गई थीं। कि वह भ्रष्ट लोकसेवकों के खिलाफ कारगर कार्यवाही कर सके। भारत में भी इस तरह की चिंताएँ आजादी के बाद हो रही हैं। पहले प्रधानमंत्री ने दो टूक कहा था "मैं जानता हूं कि मंत्रालय और सचिवालय में भ्रष्टाचार है। मैं भ्रष्टाचार दूर भले नहीं कर पाऊं लेकिन सत्ता के राजमहल की दीवारों में इतनी सूराख जरूर कर देना चाहता हूं जिसमें से जनता झांक कर देख सके कि अंदर क्या हो रहा है।"

नेहरू ने झल्लाकर यह भी कहा था कि भ्रष्टाचारियों को बिजली के खंभे पर लटकाकर फांसी देनी चाहिए।

बहरहाल देश में कई राज्यों में लोकायुक्त कानून बने हुए हैं। इनमें से कुछ के प्रावधान बेहतर हैं जैसे कर्नाटक में, लेकिन वहां की आरोपी येदिरप्पा सरकार ने मुख्यमंत्री के खिलाफ आरोपों की जांच करने से लोकायुक्त को रोकने के लिए नया कानून बना दिया। कर्नाटक के लोकायुक्त देश में सबसे अधिक चर्चित और मशहूर हैं।

संतोष हेगड़े सुप्रीम कोर्ट के सफल वकील थे। हाई कोर्ट के जज बने बिना सीधे सुप्रीम कोर्ट के जज बना दिए गए। इन्हीं संतोष हेगड़े ने कुछ बुद्धिजीवियों के साथ बैठकर प्रस्तावित जन लोकपाल विधेयक बनाया है।

लोकायुक्त का सबसे लचर कानून छत्तीसगढ़ में हैं। उसे नखदंतविहीन बना दिया गया है। केवल फुफकारने वाले सांप से मदारी तो क्या बच्चे भी नहीं डरते हैं। छत्तीसगढ़ में प्रमुख लोकायुक्त का पद उच्च न्यायालय के सेवानिवृत्त न्यायाधीश के लिए आरक्षित किया गया है, जबकि कई राज्यों में सुप्रीम कोर्ट के सेवानिवृत्त जज या हाईकोर्ट मुख्य न्यायाधीश के लिए। इसीलिए छत्तीसगढ़ में प्रमुख लोकायुक्त के कई आदेश कानूनी दृष्टि से असंगत और आधारहीन नज़र आते हैं।

यह कभी नहीं हुआ कि अपने आप को महान विधिमंत्री समझने वाले बड़बोले वीरप्पा मोइली ने प्रदेशों के लोकायुक्तों की कोई बैठक कानूनों में एकरूपता लाने की कोशिश की हो। एक जैसे भ्रष्टाचार के लिए अलग-अलग प्रदेशों के लोकसेवकों को अलग-अलग तरीके से दंडित किए जाने के विरोधाभासी और कछुआ गति के प्रावधान है।

केन्द्र सरकार का कानून मंत्रालय क्या ऐसा करने के लिए बनाया गया है कि वह ऐसी टिप्पणियां ही करता रहे कि यदि किसी सत्र न्यायालय ने कथित तौर पर गलत फैसला कर दिया है तो भी उसकी बौद्धिक आलोचना नहीं की जानी चाहिए।

पिछले बयालीस वर्षों से लोकपाल अधिनियम लुंजपुंज, लंगड़ा लूला और निकम्मा होने के बावजूद संसद में पारित भी नहीं हो रहा है। ईमानदारी के मूर्तिमान अवतार प्रधानमंत्री इसके बाद भी चिकनी चुपड़ी क्रूरता के साथ कह रहे हैं कि सरकार को जनता की तरफ से सुझाव दिए जाए तो वह गौर करेगी। सरकार द्वारा बनाया गया ताजा अधिनियम बकवास है। यह बात प्रधानमंत्री भी स्वीकार करते हैं।

क्या सरकार को इसीलिए चुना गया है कि बेशर्मी से लचर कानून बनाए और विरोध करने वाली जनता को लॉलीपॉप पकड़ाए कि वह चाहे तो प्रार्थनापत्र की शक्ल में कुछ लिख कर दे दे। यहीं तो एक पूर्व नौकरशाह को देश का प्रधानमंत्री बनाने से लोकतांत्रिक गणतंत्र का अपमान होता है।

इन दिनों कांग्रेस चिकने चुपड़े और आंतकियों, नक्सलियों, ड्रग माफिया, तस्करों से लेकर यूनियन कार्बाइड तक की शक्ल और परंपरा के जनविरोधी मुअक्किलों से करोड़ों की फीस वसूलने वाले वकील प्रवक्ताओं के चक्कर में है। भाजपा भी कंधे से कंधा मिलाकर चल रही है। 2 जी स्पेक्ट्रम मामले में कपिल सिब्बल का बड़बोला बयान है कि देश को नुकसान कहां हुआ। अन्ना हजारे प्रकरण को लेकर सिब्बल, अभिषेक मनुसिंघवी और मनीष तिवारी जैसे प्रवक्ता अपना क्रोध तक कैमरे के सामने नहीं छिपा पा रहे हैं। वे एक घाटिया कॉमनवेल्थ विक्टोरियन भाषा का अंग्रेजी संवैधानिक जुमला चस्पा कर रहे हैं कि

बाहरी व्यक्तियों को संसदीय विधायन में काम देना संविधान का उल्लंघन है।

स्थायी मालिक यदि अपने पांच वर्षो के लिए चुने गए सेवकों के साथ उदारता दिखाते हुए बैठक विमर्श करते हैं और समझा देते हैं तो किस संवैधानिक परंपरा का उल्लंघन हुआ? दरअसल कांग्रेस पार्टी के नौकरशाह रहे कुछ मंत्री और वकील-प्रवक्ता 'संसदीय प्रक्रिया' और संवैधानिक क्षेत्राधिकार शब्दों में घाल मेल कर रहे हैं।

इन दिनों भाजपा एक चतुर पार्टी बनती जा रही है। अन्ना हजारे के अनशन से भी तो उसे ही अप्रत्यक्ष लाभ मिल सकता है। वह एक तरफ अन्ना से अनशन खत्म करने की अपील करती है और दूसरी ओर आग में घी डालने में कंजूसी नहीं करती। वहां भी बौद्धिक वाचाल नेतृत्व कानूनदां लोगों के हाथों में है जिनकी अगुआई राम जेठमलानी, अरूण जेटली, रविशंकर प्रसाद और सुषमा स्वराज वगैरह कर रहे हैं। अन्ना समर्थकों ने इसीलिए राजनेताओं अजित सिंह, ओमप्रकाश चौटाला, उमा भारती और मदनलाल खुराना वगैरह को अपमानित कर वापस जाने के नारे लगाए। हालांकि यह भी एक गैर-गांधीवादी और असभ्य तरीका है।

अन्ना के इस आंदोलन को पूरी तौर पर गांधीवादी कहने के पहले जेपी के आंदोलन की याद भी कर लेनी चाहिए। उनके कारण इंदिरा गांधी को आपातकाल लगाना पड़ा था। लेकिन बाद में वह आंदोलन पूंजीवाद समर्थक कांग्रेसियों के हत्थे चढ़ गया था फिर बाद में उसका फायदा अपने मजबूत संगठन के कारण जनसंघ ने उठा लिया था

आंदोलन के बाकी नेताओं अरविन्द केजरीवाल, स्वामी अग्निवेश, किरण बेदी और प्रशांत भूषण से भी देश को मुकाम पर पहुंचाने की

जल्दी के बदले गंभीर चिंतन, धैर्य और लचीली रणनीति की उम्मीद होनी चाहिए। सत्ता में बहुत ताक़त होती है। गांधी ओर जेपी के वक्त तो मीडिया पूरी तौर पर बिका हुआ नहीं था। सरकार के दवाब में नहीं था।

आज भारतीय मीडिया का बहुलांश अफवाहों का मीना बाजार है। इलेक्ट्रॉनिक मीडिया के घर-घर में घुस जाने तथा मोबाइल फोन करोड़ों हाथों में होने से एक दिन में अफवाहें देश को लबालब कर सकती हैं। अन्ना हजारे का जीवन इतना सस्ता नहीं है कि उसे किसी सम्भावित ताशकंद समझौते की पूर्व संध्या पर बलि वेदी पर चढ़ा दिया जाए।

राजनीति इन दिनों शासक वर्ग के हाथों में है। इनमें से अधिकांश पांच सितारा संस्कृति के जीवन-प्रतिनिधि हैं। वर्षों से उनकी देह से पसीना नहीं निकला होगा सिवाय टेनिस, स्क्वाश या नुमाइशी क्रिकेट खेलते हुए। ऐसे लोगों से जंतर मंतर को तहरीर चौक बनाए बिना बैठकर लड़ना आसान नहीं होगा।

रिजर्व बैंक, विश्व बैंक और राज्य सभा के राजपथ पर चलते हुए लोगों को अब भी नहीं मालूम होगा कि राजपथ की लंबाई जनपथ से छोटी है। इनमें कोई शक नहीं कि हिन्दुस्तान के पीड़ित, शोषित अवाम में नैतिक ताकत तो बहुत है परंतु यदि वह हर वक्त समय पर उठ होता तो सदियों तक भारत गुलामी क्यों ढोता।

यह लोहिया ने ही कहा था कि जिंदा कौमें पांच साल तक इंतजार नहीं करतीं। ए.राजा, देवास, आदर्श सोसाइटी, थॉमस, कलमाड़ी, येदिरप्पा वगैरह के रहते एक दिन भी इंतजार क्यों किया जाए। देश की व्यग्रता अन्ना हजारे के लिए प्राणपद वायु है। इसलिए हजारों वर्ष पुराने भारतीय

सोच में यह चेतावनी घर कर गई है।

डॉ. मनमोहन सिंह में मछली मारने की कला तो प्रवीण है। तभी तो शशि थरूर, अशोक चव्हाण, कलमाड़ी के सहायक और बड़ी मुश्किल से ए. राजा को उन्होंने मछली मारने की बंशी में फंसा दिया। सरकार ने वह जाल अब तक क्यों नहीं बनाया जिसमें मगरमच्छ फंसे। खुले आम देश के करोड़ों अवाम की गाढ़े पसीने की कमाई लूटो और सुप्रीम कोर्ट जैसी महत्वपूर्ण एजेन्सियों को धता बताने की कोशिश करते रहे कि हम तो निर्दोष हैं। हमारी निजी बातचीत में यदि कोई देश को लूटने का षड्यंत्र हो तो भी उसे सुनने का किसी को अधिकार नहीं और कार्यवाही करने का तो बिल्कुल नही।

सरकार, भ्रष्ट नौकरशाह, हसन अली, उद्योगपति, नीरा राडिया जैसे लोग मिलकर संसद तक में जनता के साथ फिल्म 'चलती का नाम गाड़ी' का मशहूर डायलॉग बोल रहे हैं- 'चित में जीता पट तू हारी'। इतना होने के बाद भी भारतीय प्रधानमंत्री डॉ. मनमोहन सिंह किस्मत के सिंकदर हैं। जो जीता वहीं सिंकदर वाले भी सिंकदर भी कि उन्हें अन्ना हजारे तक ईमानदारी का प्रमाणपत्र दे रहे हैं।

भारतीय दंड संहिता में अपराधों को छिपाने, अपराधियों को पनाह देने, षडयंत्र करने, अपराध का उत्प्रेरण करने जैसे अनेक गुनाहों की परिभाषा दी गई है। लॉर्ड मैकाले की शिक्षा पद्धति का लबादा ओढ़ने वाली भारतीय सरकार मैकाले रचित ताजीराते हिन्द को जानती तो हैं। फिर भी प्रधानमंत्री ईमानदार और निर्दोष कैसे हो सकते हैं।

भारत में यह गौरव की बात है कि दुनिया के 178 देशों में अब भी आधी संख्या के देश हमसे ज्यादा बेईमान हैं। जो आधे हमसे ज्यादा ईमानदार हैं हम उनकी नकल क्यों करें। हमारे सांसदों और अधिकारियों

के कार्यालय, मंत्रियों की कोठियां, पांच सितारा होटल और कारपोरेट घरानों के फॉर्म हाउस भारतीय जन जीवन की सडांध के मवाध-घर बन रहे हैं। देश की जनता के सामने इतिहास का यह सवाल अन्ना हजारे के नेतृत्व में फिर पैदा हुआ है। इसे दूसरी आजादी का आंदोलन कहा जाए या नहीं- यह अलग मसला है। लेकिन इसे भ्रष्ट लोकसेवकों के लिए पहली गुलामी का काल तो जरूर बनाना चाहिए।

26

अन्ना को चाहिए पूरे समाज का समर्थन

दिल्ली में जिस सात जंतर मंतर के दरवाजे पर अन्ना हजारे आमरण अनशन स्थल पर बैठे थे, वह कांग्रेस का मुख्यालय था। भ्रष्टाचार को जंतर मंतर की तरह भारतीय जनमानस में कई रूपों में अनुभव किया जाता रहा है।

अन्ना के आमरण स्थल पर पच्चासी पैसे ढूंढो आंदोलन का एक कार्यकर्ता भी तख्ती लगाए घुम रहा था। भ्रष्टाचार के एक नये नाम वे रूप में पच्चासी पैसा तब से मशहूर हुआ, जब राजीव गांधी ने सार्वजनिक तौर पर यह स्वीकार किया कि केन्द्र सरकार से गांव और लोगों के हितों के लिए जो पैसा जाता है, उसका पच्चीस पैसा बीच का तंत्र ही हड़प जाता है।

इंदिरा गांधी के 1980 में दोबारा प्रधानमंत्री बनने के बाद महाराष्ट्र के मुख्यमंत्री ए आर अंतुले को लगभग तीस करोड़ का नाजायज लाभ पहुंचाने के आरोप में गद्दी छोड़नी पड़ी थी। विश्वनाथ प्रताप सिंह ने राजीव गांधी की सरकार पर बोफोर्स तोप के सौदे में उसके दोगुने करोड़ रूपये की दलाली का आरोप लगाया था। उन्होंने इस भ्रष्टाचार

को जनमानस तक इस रूप में पहुंचाया था कि यदि इतने रूपये बचा लिये जाते तो देश के गांवों में सैकड़ों स्कूल खुल जाते।

पूरे देश में घुम-घुमकर उन्होंने खाता नंबर भी बताया था। जिसमें दलाली का पैसा जमा होने का दावा किया गया। वकील राम जेठमलानी ने उस समय रोज-रोज राजीव सरकार से दस सवाल पूछे। लेकिन बोफर्स मामले का कोई नतीजा नहीं निकला और राम जेठमलानी ने भी उन सवालों के लिए सार्वजनिक माफी मांग ली।

विश्वनाथ प्रताप सिंह की सरकार के बाद कई बार देश में भ्रष्टाचार विरोधी मुहिम शुरू करने की कोशिश की गई। मुंबई नगर निगम के अधिकारी खैरनार पूरे देश में घुमकर भ्रष्टाचार विरोधी आंदोलन खड़ा करने की कोशिश करते रहे। लेकिन भ्रष्टाचार का स्तर बढ़ता चला गया। केन्द्र सरकार के सूचना प्रौद्योगिकी मंत्रालय द्वारा स्पेक्ट्रम 2 जी के संचार माध्यमों की कंपनियों को आंवटित करने में 1 करोड़ पचहतर लाख करोड़ रूपये का घोटाला किया गया। इसके साथ आदर्श हाउसिंग सोसायटी, राष्ट्रमंडल खेल और दूसरे कई घोटालों का जोड़ प्रस्तुत किया जाए तो 1991-2011 के बीच एक लाख गुना भ्रष्टाचार का स्तर बढ़ने के आंकड़े सामने आ सकते हैं।

भ्रष्टाचार के विरोध में लड़ाई के कई पक्ष सामने आ चुके हैं। काले धन पर रोक के लिए कानून बने हुए हैं। स्वीस बैंक में जमा पैसे का एक मोटा हिसाब देश को बताया गया है कि यदि वे पैसे देश में आ जाए तो देश का कल्याण हो सकता है।

हमारे समाज में कई तरह की विचारधाराएं सक्रिय हैं, उनके लड़ने और समाज को बनाने के अपने तरीके होते हैं। कहावत है कि डूबते को तिनके का सहारा, भ्रष्टाचार से पूरा समाज इतना त्रस्त है कि उससे

निजात पाने के लिए जो रास्ता सबसे आकर्षक नजर आता है, उसके समर्थन में निकल पड़ने का मन करता है। लेकिन वास्तव में इस प्रश्न पर विचार किया जा सकता है कि भ्रष्टाचार क्या किसी जड़ का नाम है? तालाबों में जो हरी गंदगी दिखाई देती है, उस तरह का है जो एक बार सफाई के बाद फिर से उग आती है? तालाबी में हरी गंदी इसी तरह रोपी जाती है कि देश भर के तालाब गंदे हो गए हैं।

संसदीय लोकतंत्र का आधार चुनाव है और चुनाव में भ्रष्टाचार अंग्रजों से समय होने वाले चुनाव के समय से ही देखे जा रहे हैं। अब चुनाव में करोड़ों रूपये नगद पकड़े जा रहे हैं। जब-जब चुनावी भ्रष्टाचार बढ़ता है तो सरकार द्वारा फंडिग की बात जाने लगती है। यदि सुधार की प्रक्रिया पर बात की जाए तो भ्रष्टाचार विरोधी तरह-तरह के उपाय नाकाफी साबित हो रहे हैं। तब क्या सुधार की प्रक्रिया पर बातचीत बंद कर देनी चाहिए और व्यवस्था में भ्रष्टाचार के फलने फूलने के जो आधार हैं, उन पर चोट करनी चाहिए या वहां सुधार करने की जरूरत है? यह एक प्रश्न सबके सामने खड़ा होता है।

इसका अर्थ यह भी निकाला जा सकता है कि भ्रष्टाचार अकेले एक मुद्दे के साथ कोई प्रारूप पेश करते हैं, भ्रष्टाचार को मूल सवालों के केन्द्र में जरूर रखा जा सकता है, मूल सवालों के अन्ना हजारे के नेतृत्व वाले भ्रष्टाचार विरोधी आंदोलन का केन्द्र में रखने की कोशिश मे रखने की कोशिश राजनीतिक शक्तियां कर सकती हैं। लेकिन वो राजनीतिक पार्टियां नही, जो अविश्वसनीय हो गई हैं और अन्ना के आमरण अनशन स्थल से राजनीतिक नेताओं के खदेड़े जाने के रूप में जो दिखाई दी।

निश्चित तौर पर अन्ना के जज्बे को सलाम किया जाना चाहिए,

लेकिन ये कहना कि मनमोहन सिंह यदि आपको वोट चाहिए तो जन लोकपाल बिल लाए, अन्ना के भ्रष्टाचार विरोधी आंदोलन के विस्तार संभावनाओं को रोकता है। महज जन लोकपाल बिल भ्रष्टाचार के खात्मे की गारंटी नहीं हो सकता है। वह भ्रष्टाचार विरोधी एक प्रक्रिया का ढांचा हो सकता है। लेकिन आंदोलन जड़ों पर प्रहार करता है और तेजी के साथ समाज को नोंच खाने के नाखून मनमोहन सिंह की सरकार की नीतियों के लागू होने के बाद तैयार हुए हैं।

जन लोकपाल बिल आम भ्रष्टाचार की संस्कृति के खिलाफ एक मुकम्मल ढांचा नहीं हो सकता है। वह ढांचा समाज की चेतना में सुरक्षित रहता है। आंदोलन का जोर उसी ढांचे को तैयार करने पर होता है। दरअसल अन्ना को पूरे देश को समर्थन मिल रहा है तो उसका प्रतिनिधित्व दिखाई देना चाहिए। यह हर किसी आंदोलन को सचेत रूप से करना पड़ता है। जो गांधी ने उस दौर में जागरूकता के स्तर के अनुसार उसका ध्यान रखा लेकिन गांधीवादिता वहीं ठहर नहीं जाती है। जो प्रतीक चिन्ह आंदोलन के विस्तार को बाधित करते हैं, उनके प्रति सतर्क होना पड़ता है।

समाज में जागरूकता के सूक्ष्म रूप विकसित हुए हैं। वह प्रतीकों, आदर्शों, चिन्हों में भी होता है। आमरण अनशन पर एक युवती कह रही थी कि केवल युवाओं का नाम लिया जा रहा है, युवतियाँ संबोंधित नहीं हो रही है। यह हिन्दुत्व की रक्षा के लिए आर्यसमाजी आंदोलनों भी नहीं हो सकता। भ्रष्टाचार विरोधी आंदोलन का सिविल सोसायटी की ताकत तक सिमटना भ्रष्टाचार के आंदोलन की एक सीमा तक कर देता है।

देश में सिविल सोसायटी का अर्थ तो यही होता है कि वह आम लोगों के अपेक्षाकृत संपन्न और ताकतवर है। विश्वविद्यालयों की

डिग्रियों के बूते विभिन्न तरह के पेशे में सक्रिय है। शहरों के सिविल लाइंस वैसे ही लोगों के उभार के साथ बने हैं। अन्ना के आंदोलन का विस्तार शहर भर के लोगों के समर्थन पर निर्भर करता है। योग व्यापारी रामदेव के पोस्टर अन्ना के आमरण अनशन स्थल से दूसरे दिन उतर गए तो उसका कोई फर्क नहीं पड़ा, किरन बेदी दिखनी बंद हो गईं तो असर नहीं दिखा।

दरअसल भष्टाचार विरोधी आंदोलन के लिए एक अन्ना ही काफी है। दूसरे जो लोग आंदोलन में सक्रिय हैं, वे ही 73 वर्षीय अन्ना की ताकत हैं, राजनीतिक पार्टियां चाहती हैं कि अन्ना के आदोलन के इर्द-गिर्द अपनी बढ़ती अवैधता को कम करने की कोशिश करे, सरकारी पार्टी आंदोलन की वैधता पर कई तरह के सवाल खड़े कर रही हैं, तकनीकी खामियां ढूंढने के लिए वकीलों की फौज लगा रखी है, उसकी नजर में तो उसकी तरफ अगुंली उठाने वाला और हर वक्त अंगुली उठाने की तस्वीर तैयार करने वाला स्वभाविक तौर पर आरोपी है।

अन्ना के बारे में एक बात मशहूर है कि वे टूट सकते हैं लेकिन झुक नहीं सकते, अन्ना का आंदोलन देश भर में भष्टाचार के विरोध में एक सांस्कृतिक और राजनीतिक माहौल विकसित कर रहा है।

27

संसद, कानून और जनता

हमारे विधिवेत्ताओं ने पश्चिमी राजनीतिक और विधिशास्त्रीय चिंतन में थॉमस हॉब्स और जॉन ऑस्टिन के 'संप्रभु' की संकल्पना को जिस रूप में भी समझा हो, हमारे पेशेवर राजनीतिज्ञों और इस देश के सर्वसाधारण के लिए इस गुत्थी का सुलझना आज बेहद जरूरी हो गया है, क्योंकि कानून और इसे बनाने तथा लागू करने की प्रक्रिया का सारा कार्य-व्यापार आज भी इस देश में इसी 'संप्रभुता' के एक अर्द्ध-सत्य के सहारे चलाया जा रहा है। वकीली के जरिए राजनीति में घुसपैठ करने वाली एक पूरी जमात ने अपने जिस ज्ञान को अपना हथियार बनाकर लोकतंत्र को एक अदालती अखाड़ा समझ लिया है। उनके वितंडावादी अहंकार को काबू में करने के लिए भी इससे जुड़े कुछ राजनीतिक सबक जरूरी जान पड़ते हैं।

लगभग 200 वर्ष पूर्व ऑस्टिन ने कहा था कि 'कानून संप्रभु का आदेश है'। बाद में लोग इस परिभाषा से आगे भी बढ़े। लेकिन संप्रभुता की अवधारणा न केवल एक राष्ट्र-राज्य का दूसरे राष्ट्र-राज्य के साथ संबंधी में, बल्कि एक राज्य के भीतर भी जनता और राज्य-सत्ता के

संदर्भ में भी एक विशेष अर्थ लिए रहा है। राज्य-सत्ता और जनता के बीच संप्रभुता को केवल मात्र एकतरफा बंधनकारिता के संदर्भ में ही दुरूपयोग किए जाने के चलते इसका सरलार्थीकरण और विस्तारीकरण आवश्यक हो गया है।

लोकतंत्र में संप्रभु कौन है। इसका सैद्धांतिक और मूर्त्तमान स्वरूप क्या है और किसी भी लोकतांत्रिक प्रक्रिया में व्यवहारत: इसे घटित होते हुए कैसे समझा जाए, इन तमाम प्रश्नों को जब तक इनके राजनीतिक अर्थ में निरूपित नहीं किया जाता, तब तक इसके कानूनी अर्थ के डंडे से ही हम हाँके जाते रहेंगे।

संसदीय लोकतंत्र में संविधान, जनता और संसद इन तीनों में कौन संप्रभु हैं । यह समस्या प्रथम दृष्ट्या 'मुर्गी पहले या अंडा' जैसी स्थिति जान पड़ती है। सैद्धांतिक तौर पर लोकतंत्र में जनता सर्वोच्च है। अस्थायी और परिवर्तनीय शासन को कायम करने के लिए सशर्त्त और तात्कालिक बहुमत एक व्यवस्था मात्र है और इसलिए अल्पमत के हितों और विचारों का सम्मान करना भी इससे अपेक्षित है। संविधान भी जनता द्वारा चुने गए नुमांइदों ने बनाया जिस जनता ने स्वयं को ही आत्मर्पित किया। संसद जैसी संस्था जनता द्वारा चुने गए प्रतिनिधियों के लिए बनाया गया वह संवैधानिक व्यवस्था है जो अपने 'प्रत्येक कार्य' के लिए जनता के प्रति 'हर क्षण' उत्तरदायी है। संप्रभुत्वसंपन्न जनता के आदेश पर या उसकी सहमति से संसद संविधान में संशोधन भी कर सकती है और इसका प्रावधान जनता ने अपने नुमांइदों के माध्यम से स्वयं संविधान में किया हुआ है।

कानून संवैधानिक उपबंधों के दायरे में रहकर बनाए गए ऐसे सकारात्मक, निषेधात्मक और दंडात्मक प्रावधान या विनियम हैं। जिन्हें

जनता ने एक सुचारू व्यवस्था के संचालन के लिए अपनी गतिशील मांगों और जरूरतों के आधार पर अपने सक्रिय सहयोग और भागीदारी से अपने प्रतिनिधियों द्वारा बनवा कर इसे मान्यता प्रदान किया है और सब पर समान रूप से आरोपित किया है।

इस प्रकार संसद, कानून और जनता इन तीनों में जो कॉमन या सर्वश्रेष्ठ है। वह है जनता। बाह्य रूप से एक संप्रभुत्व संपन्न राज्य की संप्रभुत्व संपन्न राज्य की संप्रभुता का वास्तविक श्रोत जनता की भौगोलिक चेतना से युक्त एक एकीकृत इच्छा ही है। राज्य के भीतर राजनीतिक रूप से बाकी सारी व्यवस्थाएँ अस्थायी, तात्कालिक, परिवर्तनीय और गतिशील हैं। केवल उन मौलिक मानवीय और लोकतांत्रीक अधिकारों को छोड़कर जिनकी सार्वभौमिकता को स्वीकारते हुए उसे स्वयं जनता ने ही अपरिवर्तनीय या असंशोधनीय बनाया हुआ है। संप्रभु जनता की इस लोकतांत्रिक संकल्पना को समझने और आत्मसात करने के लिए हमारे कुछ कानूनविद् राजनेताओं और मंत्रियों को अपने कुछ अंधकानूनी आग्रहों को दिमाग से निकालने की जरूरत होगी और यह समय की मांग और बढ़ रही जन-जागरूकता के हिसाब से उनके लिए एक बाध्यता है, न की उनकी उदारता या सनक का मोहताज एक विचार मात्र था।

एक प्रचंड कानून के लिए अन्ना हजारे के नेतृत्व में अधीरता का परिचय देते हुए जिस गुस्से के साथ लोग सड़क पर आ रहे हैं। उसे तात्कालिक चरित्र को समझने की चौकसी के साथ ही उसके पीछे जाने की जरूरत कहीं ज्यादा जान पड़ती है।

वर्तमान जन-लोकपाल बिल के संदर्भ में जो लोग आज 'संसद का परमाधिकार' और 'कानून निर्माण की संस्थागत प्रक्रियाएँ' हमें समझाने

पर तुले हुए हैं। उनके लिए यह आत्मसम्मान की घड़ी होनी चाहिए न कि दूसरों के चरित्रहनन की। क्योंकि वास्तव में जनता की यह तात्कालिक अधीरता, कानून निर्माण में व्यावहारिक रूप से, और सदिच्छा से लोकतांत्रिक प्रक्रियाओं को अपनाने में उनके विफल रहने की तार्किक परिणति ही है।

इस देश में ऐसा कितनी बार हुआ है कि किसी कानून को लाने या हटाने को लेकर कोई देशव्यापी आंदोलन हुआ हो। ऐसा कितनी बार हुआ है कि कानूनों को लाने, बदलने या हटाने के मुद्दे पर चुनाव लड़े गए हों। और यदि ऐसा हुआ भी तो सरकारों ने इसका पालन किया हो। क्या इस देश में कोई ऐसा व्यापक अध्ययन भी हुआ है कि कौन सा कानून कैसा कार्य कर रहा है। उसकी उपयोगिता और दुरूपयोगिता का स्तर क्या है। लॉ कमीशन जैसी संस्था इन मामले में कितनी प्रभावी साबित हुई है?

सच तो यह है कि कानूनों को पवित्र गाय की तरह देखा जाने लगा है। उन्हें अपने आप में साध्य मान लिया गया है। कानूनी प्रक्रियाओं और प्रचलित कानूनों के सभी स्तरों पर जो व्यापक दुरूपयोग न्यायिक बिरादरी, राजनीतिज्ञ और धनपशुओं द्वारा किया जा रहा है उस पर एक आम समझ के साथ चर्चा तो की जाती है लेकिन उसमें बदलाव के लिए कोई ठोस बहस और लामबंदी दिखाई नहीं देती।

कानूनों का निर्माण और इसके पालन में हर स्तर पर जनता के माध्यम से चेक एंड बैलेंस की व्यवस्था के बारे में चर्चा नहीं की जा रही है। कानूनी भाषा और प्रक्रिया की क्लिष्टता को लेकर एक सहमति और जागरूकता तो नज़र आती है लेकिन इसमें परिवर्तन को लेकर कोई सार्थक हस्तक्षेप वर्तमान में दूर-दूर तक दिखाई नहीं देता। कानून को हम

इंडिपेंडेट अथवा स्वायत्त व्यवस्था के रूप में देखने लगे हैं जिसके बारे में माना जाने लगा है कि इस लोकतांत्रिक प्रक्रिया से अलग है और इसे ऐसा ही होना चाहिए। 'कानून का शासन' को 'कानून के द्वारा शासन' के रूप में प्रचारित और स्थापित किया जा रहा है।

सैद्धांतिक तौर पर बहुलावादी संसदीय राजनीति में राजनीतिक दलों से अपेक्षा की जाती है कि वह राजनीतिक समाजीकरण को गंभीरता से लेते हुए हित-सामूहीकरण और हित-अभिव्यक्तिकरण का सशक्त माध्यम बनेंगे। लेकिन भारतीय राजनीतिक संस्कृति में जिस प्रकार के दलों का उभार हुआ है उनमें सभी प्रकार की सकारात्मक विविधताओं के बावजूद जो नकारात्मक समरूपता रही है वह है नेतृत्व के स्तर पर व्यक्तिपरकता और चुनावेत्तर अवधि में जनता से पूरी तरह से बिलगाव। इन दलों के भीतर आंतरिक लोकतंत्र या किसी पारदर्शी प्रक्रिया के अभाव में चलते किसी अर्थपूर्ण विधायन की संभावना और भी क्षीण हुई है। चूकि पार्टियाँ ही विधायन को गंभीरता से नहीं ले रही हैं। इसलिए इनके उम्मीदवारों पर कोई दबाव नहीं होता है कि वे इसे गंभीरता से लें।

संसदीय कार्यवाही के दौरान जब बहस-चर्चा और सवाल-जवाब होते भी है तो उसकी वैधता और अर्थपूर्ण इसलिए संदेहास्पद होती है कि उन मुद्दों पर इन प्रतिनिधियों ने अपनी जनता से कोई मशविरा नहीं किया है। चुनाव इत्यादि के दौरान विधायन संबंधी मुद्दे या मौजूदा कानूनों की स्थिति पर कभी चर्चा नहीं हो पाती। न तो किसी राजनीतिक दल के घोषणापत्र में इस पर विस्तार और स्पष्ट रूप से कुछ कहा जाता है और न ही कभी इस पर जनता के साथ किसी प्रकार का द्विपक्षीय संचार या विचारों का आदान-प्रदान होता है।

जन प्रतिनिधियों को संसद में प्रस्तुत बिल पर सोचने-समझने और चर्चा करने का पर्याप्त समय और अवसर नहीं मिल पाता है। वैसे भी उन पर राजनीतिक दलों का स्टैंड ही हावी होता है। ऐसा भी देखा गया है कि महत्वपूर्ण मसलों पर भी इक्के दूक्के दलों को छोड़कर राजनीतिक दलों का कोई स्पष्ट विचार नहीं होता। इस मामले में वे भेड़ियाधसान प्रवृत्ति के होते हैं, और सत्ता गठबंधन में होने या न होने की स्थिति के मुताबिक अपनी राय बनाते और बदलते रहते हैं।

प्रस्तुत बिल को जन प्रतिनिधि अपने स्थानीय संदर्भों से जोड़कर व्याख्यायित करने का प्रयास नहीं करते। इसके लिए वे अपनी पार्टी के भीतर या अपने क्षेत्र के लोगों के साथ भी विचार-विमर्श करते नहीं पाए जाते। स्टैडिंग कमेटी या सरकारी कंसल्टेशन की प्रक्रिया खाना पूर्ति बनती जा रही है। कानूनों की पेंचीदगियों में प्रतिनिधियों और जनसामान्य की दिलचस्पी का अभाव का एक प्रमुख कारण कानून की भाषा का दुरूह होना भी है। इससे यह कानूनविदों और नौकरशाहों के हाथ का खिलौना बन जाता है।

मीडिया भी इसके लिए दूसरे विशेषज्ञों के विश्लेषण पर ही भरोसा करता है। जनप्रतिनिधि भी मीडिया और विशेषज्ञों तथा पॉलिसी संस्थाओं के विश्लेषण पर ही आश्रित होने लगे हैं। ऐसे विश्लेषणों में निहित स्वार्थों का घालमेल किस प्रकार किया जा सकता है, वह राडियाटेप कांड के बाद लोगों के सामने आ चुका है।

इस तरह जनता और कथित प्रतिनिधियों के बीच विधायन संबंधी मुद्दों पर जो एक खाई मौजूद है उसे भरने के लिए पॉलिसी एक्सपर्ट्स के स्तर पर कुछ समूह सक्रिय हुए हैं। लेकिन इनकी सक्रियता भी इस रूप में संदेहास्पद है कि इसमें भी सूक्ष्म रूप से किसी भी एजेंडे को

सदस्यों के माध्यम से ठेलने की का वायद की जा सकती है। इनके द्वारा सुझाए गए आयातित बेस्ट प्रैक्टिसेज़ की वैधता और उपादेयता भी संदेहास्पद हो सकती हैं। इनकी भाषा तकनीकी और सैद्धांतिक स्तर पर इतनी दुरूह होती है कि जन सामान्य के साथ इनका संचार कभी संभव ही नहीं है और इससे योजनाकर्त्ता विशेषज्ञों और जनसामान्य के बीच एक प्रकार के शक्ति-संबंध को भी बल मिलता है। इससे नीति निर्माण और योजना के टॉप-डाउन उपागतम को भी स्थापित होने का मौका मिलता है।

एडवोकेसी अथवा पैरोकारी या नीति संबंधी शोध और विश्लेषण मुहैया कराने का उपक्रम लोकतंत्र को गहरा करने या जमीन से जोड़ने की बजाए बीच में ही लपक कर हथिया लेने जैसा प्रयास है। इससे प्रतिनिधियों को भी बैठे-ठाले बोधगम्य और पका-पकाया परिप्रेक्ष्य मिल जाता है जिसे संदिग्ध नजरिए से देखने की बजाए वे उसे अपने निर्णय-निर्माण का आधार पाठ और सबूत तक मान लेते हैं। जबकि प्रतिनिधित्व का सिद्धांत उन्हें जमीन पर जाकर जनता से संवाद के माध्यम से उनका फीडबैक और उनके इनपुट को विधायन में पिरोने की प्रक्रिया को मजबूत करने की उम्मीद पालता है।

आज आम जनता से लेकर सरकार तक, अन्याय के हर मामले को और न्याय की हर गुहार को अदालत के पाले में डाल रही है। दूसरी तरफ अदालतें इन्हीं जन-प्रतिनिधियों द्वारा बनाए गए 'कानूनों' के आधार पर कार्य करती हैं। कुल मिलाकर कर इस व्यवस्था में सब कुछ कानून की दुहाई देकर की जाती है और हम एक कानून तंत्र में विश्वास करने में लगे हैं।

तार्किक रूप से देखा जाए तो, इसका मतलब है कि लोकतंत्र और

कानूनतंत्र साथ-साथ मौजूद है या हो सकते हैं। तो अब जब हमने लोकतंत्र का कानूनीकरण कर रखा हैं, तो क्या लोगों को एक साथ चलने के लिए कानूनी के लोकतंत्रीकरण की आवश्यकता नहीं है? यदि लोकतांत्रिक अधिकारों के इस्तेमाल के लिए भी कानून की शरण में जाना पड़ता है, तो क्या कानून आम जनता के लिए सर्वसुलभ और बोधगम्य नहीं होना चाहिए?

कानून के माध्यम से लोकतंत्र का लाभ उठाने के लिए क्या वर्त्तमान में कानूनों की भाषा ऐसी है कि इस देश की आम जनता उसे सीधी-सरल भाषा में समझ सके? इसमें सुधार लाने के लिए अपनी राय दे सके या चुनाव के दौरान ऐसी मांगे रख सके? क्या यह एक सच्चाई नहीं है कि कानूनों की जटिलता के कारण इस तरह पहुँच के लिए कानूनविदों जैसे बिचौलियों की जरूरत होने की वजह से आम जनता का एक बड़ा तबका पहले से ही परिधि से बाहर हो गया है? कानून के माध्यम से ही नागरिक अधिकार सुनिश्चित होने की वजह से आम नागरिक अधिकार भी क्या 'विशेषाधिकार' बनके नहीं रह गये हैं?

ऐसे में स्वाभाविक रूप से आज यह भावना गहरे रूप में घर करने लगी है कि एक शासक वर्ग के रूप में हमारे कानून निर्माताओं की दिलचस्पी अप्रासंगिक कानूनों का महिमामंडन करने में ज्यादा है। बिना इस बात को सामने लाते हुए कि कानून अपने-आप में कोई स्वायत्त व्यवस्था नहीं है। वह भी राजनीति का हिस्सा है और होना चाहिए।

28

लोकपाल समस्या का हल न हीं-माओवादी

अन्ना हजारे के अनशन और उसके बाद जन लोकपाल के लिए कमेटी बनाए जाने के मुद्दे पर माओवादियों ने अपना रूख स्पष्ट करते हुए कहा कि लोकपाल विधेयक के लिए सरकार द्वारा सांझी कमेटी की घोषणा की जाने के बाद अन्ना हजारे ने तो अपनी अनशन तोड़ दी, लेकिन जनता को इससे इंसाफ नहीं मिला, जो देश भर में उनकी हड़ताल के साथ खड़ी हुई थी।

माओवादियों की ओर से पार्टी की केन्द्रीय कमेटी के प्रवक्ता अभय की ओर से जारी एक प्रेस विज्ञाप्ति में कहा गया कि सरकार ने यह मांग अन्ना की भूख हड़ताल से डरकर पूरी नहीं की, बल्कि उनके समर्थन में उभर कर आए जनता के आक्रोश को ठंडा करने के लिए की। शासक वर्ग को पता है कि इस तरह के कानूनों से मौजूदा व्यवस्था को कोई नुकसान नहीं होने वाला है। इसलिए उन्होंने बेखौफ होकर लोकपाल विधेयक के लिए कमेटी की घोषणा की।

भ्रष्टाचार के खिलाफ देश भर में आगे आई जनता के रूख का

स्वागत करते हुए कहा गया है कि "भ्रष्टाचार विरोधी संघर्ष का हमारी पार्टी तहेदिल से समर्थन करती है। हमारी पार्टी का यह विश्वास है कि जनता के सांझे, संगठित और जुझारू संघर्षों के जरिए ही भ्रष्टाचार का अंत करना संभव हो सकेगा। हमारी पार्टी देश की जनता से आग्रह करती है कि वह सरकार द्वारा घोषित सतही कानूनों और कानून तैयार करने के लिए कमेटियों के गठन की घोषणाओं से संतुष्ट होकर अपने संघर्ष को समाप्त न करे, बल्कि संघर्ष की राह पर दृढ़ संकल्प के साथ आगे बढ़े।"

माओवादियों ने इसके लिए मजदूरों, किसानों, छात्र, बुद्धिजीवियों, कर्मचारियों, जनता की भलाई चाहने वाले गांधीवादियों समेत तमाम देशभक्त तबकों का एक व्यापक संयुक्त मोर्चा बनाने की अपील की है।

विज्ञप्ति में कहा गया कि हाल के दिनों में उजागर हुए 2 जी स्पेक्ट्रम घोटाला, आदर्श हाउसिंग सोसायटी, कर्नाटक जमीन खरीद, एस. बैंड स्पेक्ट्रम आदि घोटालों ने भ्रष्टाचार को फिर एक बार एक बड़ी समस्या के रूप में सामने लाया है। मजदूर, किसान, आदिवासी, दलित, महिलाएं, मुख्य रूप से शहरी मध्यम वर्ग आदि सभी वर्गों और सभी तबकों की जनता भ्रष्टाचार के खिलाफ अपना गुस्सा और नाराजगी प्रकट कर रही है।

अन्ना हजारे के आंदोलन की सफलता को रेखांकित करते हुए विज्ञप्ति में कहा गया कि जनता में भ्रष्टाचार, भ्रष्ट राजनीतिक पार्टियों तथा उन पार्टियों के नेताओं के प्रति संचित गुस्से का नतीजा ही था कि हाल में अन्ना हजारे द्वारा की गई भूख हड़ताल को देश भर में जनता से मिली प्रतिक्रिया। विज्ञप्ति के अनुसार अन्ना हजारे के अनशन का लक्ष्य जन लोकपाल विधेयक था लेकिन देश के चारों कोनों से व्यक्त

हुई जनता की आकांक्षा भ्रष्टाचार को जड़ से सफाया करने की है।

हालांकि माओवादियों ने साफ किया है कि "लोकपाल विधेयक तैयार करने हेतु कमेटी का गठन कर उसमें आधे सदस्यों का चयन नागरिक समाज में से करने का सरकार ने जो फैसला लिया, इससे इस समस्या का हल हो गया या हो जाएगा, ऐसा मानना नादानी ही होगी। दरअसल आज भ्रष्टाचार के इतने गहरे तक जड़े जमा लेने और बेहिसाब बढ़ जाने का यह कारण नहीं है कि यहां इसे रोकने का कोई कारगर कानून-कायदा ही मौजूद नहीं है। कानून चाहे जितने भी हों, चूंकि उन पर अमल करने और करवाने वाली व्यवस्था पर ही लुटेरे वर्गों का कब्जा है, इसीलिए यह बदहाली व्याप्त है। एक जमाने के जीप घोटाला और लॉकहीड विमान खरीदी घोटाले से लेकर राजीव गांधी के समय का बोफोर्स घोटाला आदि अनगिनत घोटालों का लम्बा इतिहास रहा है।

चंद करोड़ रूपयों से शुरू कर आज लाखों करोड़ रूपए के घोटाले सामने आ गए हैं। कांग्रेस, भाजपा जैसी मुख्य संसदीय पार्टियों से लेकर आरजेडी, बीएसपी, डीएमके, अन्ना, तेलुगुदेशम वगैरह सभी राष्ट्रीय व क्षेत्रीय पार्टियों के नेता व मंत्री तथा उनके पिट्ठू प्रशासनिक अधिकारी सभी का दामन भ्रष्टाचार से दागदार हैं।"

भारतीय न्यायप्रणाली पर सवाल उठाते हुए विज्ञप्ति में कहा गया कि देश में पहले से मौजूद कानूनों पर ठीक से अमल कर और विभिन्न भ्रष्टाचार-विरोधी विभागों का ठीक से संचालन कर ऐसे भ्रष्टाचार-घोटालों को रोका जा सकता है तथा उसके लिए जिम्मेदार लोगों को कड़ी सजाएं दिलवाई जा सकती है। लेकिन पिछले 64 सालों के 'आजाद' भारत के इतिहास में ऐसा एक भी उदाहरण नहीं है जिसमें भ्रष्ट राजनेताओं,

मंत्रियों, कार्पोरेट घरानों के मालिकों और नौकरशाहों को कभी कोई सजा मिली हो।

जनता और विपक्ष के दबाव के कारण विरल मौकों पर किसी को गिरफ्तार कर लिया भी गया तो सालों साल तक खिंचने वाली अदालती कार्रवाई के बाद मामलों को रफा-दफा कर दिया जाता है। ऐसा इसलिए होता है क्योंकि मौजूदा न्याय व्यवस्था भी देश की शोषक राज्य मशीनरी का अभिन्न अंग है। यह उम्मीद रखना कि कानूनों या न्यायालयों के जरिए भ्रष्टाचार का अंत हो जाएगा। मरीचिका में पानी की उम्मीद रखने के बराबर होगा।

विज्ञप्ति में पार्टी ने अपना तर्क रखते हुए कहा कि "भ्रष्टाचार व घोटाले उस पूंजीवादी व्यवस्था का विकृत परिणाम हैं जिसका मूल मंत्र ही मुनाफे के पीछे भागना है। हालांकि पूंजीवाद उपर से लोकतंत्र का चोला ओढ़े रहते हैं तथा आजादी, समानता आदि मूल्यों की रट लगाया करते हैं। लेकिन वास्तव में वह दूभर श्रम-शोषण, रिश्वत खोरी, दलालखोरी आदि व्यवस्थाओं से भरे रहते हैं। इसलिए भ्रष्टाचार और अव्यवस्थाओं से भरे रहते हैं। इसलिए भ्रष्टाचार और अव्यवस्थाओं को जड़ से खत्म करने का मुद्दा व्यवस्था-परिवर्तन से जुड़ा हुआ सवाल है।

यह मानकर चलना एक कोरा भ्रम ही होगा कि देश में मौजूद अर्धऔपनिवेशक व अर्ध सामंती व्यवस्था को बनाए रखते हुए ही चंद बेहतर कानूनों के सहारे से इस समस्या का पूरी तरह समाधान किया जा सकता है। दरअसल घोटालों के रूप में जो उजागर होते हैं उनसे कई गुना ज्यादा रोशनी में आए बिना ही रह जाते हैं।"

विज्ञप्ति में अनेक राज्यों के मुख्यमंत्रियों पर रिश्वतखोरी के आरोप

लगाते हुए कहा गया कि "सरकारों द्वारा उदारीकरण, निजीकरण और भूमंडलकरण की नीतियों ने ही इस तरह के कई भ्रष्टाचार घोटालों के लिए तथा देश की सम्पदाओं की मनमानी लूटखसोट के दरवाजे खोल रहे हैं। इस पृष्ठभूमि में इन साम्राज्यवाद-परस्त नीतियों का विरोध किए बिना तथा उनके खिलाफ संघर्ष छेड़े बिना ही भ्रष्टाचार का अंत कर पाने की आस लगाए बैठना या करना जनता को गुमराह करना ही हैं।"

29

अन्ना से आगे का रास्ता

अब जबकि हमें लगता है कि हमने भ्रष्टाचार के खिलाफ युद्ध जीत लिया है, यह सबसे अच्छा होगा कि एक कदम पीछे जा कर अपने आप से पूछें कि भ्रष्टाचार है क्या? क्या मायने हैं भ्रष्टाचार के? जंग की जरूरत के नाम पर लड़ाइयां लड़ी और जीती जाती रही हैं। जिस तरह हम अपने अविश्वास को स्थगित किए बिना किसी फिल्म का मजा नहीं ले सकते, ठीक उसी तरह हम कोई लड़ाई इस तरह नहीं लड़ सकते कि हम पहले जीत की घोषणा कर दें और फिर उसके बाद यह पूछने लगें कि आखिर हम लड़ किसलिए रहे थे, फिर चाहे हमारे इरादे कितने ही नेक और हमारे मंसूबे कितने ही भले क्यों न हों?

इससे पहले कि आप मुझ पर आरोप लगाएँ कि मैं अन्ना का समर्थन नहीं कर रहा हूँ, कृपया पहले मुझे साफगोई से यह स्वीकारने की अनुमति दीजिए कि यकीनन भ्रष्टाचार आज हमारे जीवन और राजनीतिक तंत्र के लिए घातक तत्व बन चुका है। भ्रष्टाचार के कारण आज हर भारतीय परेशान है, फिर चाहे वह कितना ही अमीर या गरीब क्यों न हो। इसीलिए अन्ना के आंदोलन ने हर दिल को छुआ।

मौजूदा परिदृश्य में कोई वास्तविक खलनायक नहीं है, बल्कि सभी किसी न किसी अर्थ में व्यवस्था के शिकार हैं। भ्रष्टाचार केवल आपकी या मेरी या किन्हीं इने-गिने लोगों की समस्या नहीं है। यह पूरे देश की समस्या है। वास्तव में देखा जाए तो यह उन लोगों की भी समस्या है, जो घूस खा रहे हैं।

मैं एक उदाहरण देना चाहूंगा। जो पुलिसवाला ट्रैफिक सिग्नल पर आपसे पचास रूपए की रिश्वत लेता है, उस पर हम नाराज हो सकते हैं। उसकी लानत-मलामल कर सकते हैं। लेकिन याद रखें यह वही पुलिसवाला है, जिसने किसी स्थानीय सूदखोर से मोटी ब्याज दर पर एक लाख रूपए उधार लिए थे, ताकि पहले तो वह नौकरी पाने के लिए रिश्वत दे सके और फिर एक मलाईदार पोस्टिंग पाने का भी प्रयास करे, ताकि वह अपना कर्ज चुका सके।

वह अपनी नौकरी और अपनी पदस्थापना के लिए पैसा चुकाता है। वह सीधा उसके बॉस की जेब में जाता है। यह शोषण की श्रृंखला है। हम देख सकते हैं कि हर व्यक्ति इस श्रृंखला की एक कड़ी है, फिर चाहे वह घूस लेने वाला हो या फिर घूस देने वाला, शोषक हो या शोषित।

रिश्वत की दरकार अरबों डॉलर मूल्य के टेलीकॉम लाइसेंस के लिए नहीं होती। एक सामान्य सा पासपोर्ट बनवाने के लिए भी रिश्वत देनी पड़ती है। एक राशन कार्ड बनवाने के लिए भी घूस खिलानी पड़ती है। स्कूल में दाखिला पाने के लिए भी पैसे देने पड़ते हैं। रिश्वत के बिना न ड्राइविंग लाइसेंस मिलता है, न जन्म और मृत्यु का प्रमाण-पत्र।

यदि आप भ्रष्टाचार के विरोध में शिकायत दर्ज करवाना चाहते हैं, तो इसके लिए भी रिश्वत देनी पड़ेगी। यदि आपके पास पहले ही एक पासपोर्ट या ड्राइविंग लाइसेंस है तो उसके नवीनीकरण के लिए भी आपको जेब ढीली करनी होगी। यदि आपके पास राशन कार्ड है, तब भी अपना साप्ताहिक राशन पाने के लिए आपको कोई न कोई कीमत चुकानी पड़ सकती है।

आपके बच्चे को स्कूल में दाखिला मिल जाए, उसके बाद भी आपको यह सुनिश्चित करने के लिए रिश्वत देनी पड़ती है कि कहीं भ्रष्ट शिक्षक या स्कूल प्रबंधन से संबद्ध कोचिंग क्लासेस उसकी शैक्षिक प्रगति में अवरोध न डालें। कॉलेज में नेशनल साइंस स्कॉलर को कभी समय पर पैसा नहीं मिलता और वे कॉलेज की फीस नहीं भर पाते। स्कॉलर्स को बहुत देरी से छात्रवृत्ति मिलती थी और कॉलेज की फीस चुकाने के लिए उन्हें माता-पिता की आय व पेंशन पर निर्भर रहना पड़ता है।

लेकिन भ्रष्टाचार की इन रोजमर्रा की घटनाओं के परे गंभीर आंकड़ों पर नज़र डालते हैं। दुनिया की 70 फीसदी नकली दवाइयां भारत में बनाई जाती हैं। अधिकतर भारतीय, मंहगे इलाज का खर्चा नहीं उठा सकते और वे तब तक डॉक्टर के पास नहीं जाते, जब तक कि उनकी बहुत खराब न हो जाए। आप कल्पना कर सकते हैं ऐसी स्थिति में वे दवाइयां उनके लिए कितनी घातक साबित हो सकती हैं। जो वे बिना किसी चिकित्सकीय परामर्श के ले लेते हैं।

कई लोग मंहगी दवाइयों के कारण जान गंवा देते हैं और कई लोग नकली दवाइयों के कारण। कई लोगों को उन अनाड़ी डॉक्टरों के प्रिस्क्रिप्शन का खमियाजा भुगतना पड़ता है जो घूस खिलाकर पास हुए

हैं। ऐसे सर्वव्यापी भ्रष्टाचार के बीच हम कैसे रह सकते हैं? युद्ध में शहीद होने वाले जवानों की विधवाओं को भी पेंशन पाने के लिए क्लर्कों को रिश्वत देनी पड़ती है।

लेकिन इसके बावजूद अगर देश चल रहा है, तो इसकी वजह है वे नैतिक और ईमानदार लोग, जो संख्या में भले ही कम हों, लेकिन आज भी सच्चाई के साथ हैं। या हो सकता है, उन लोगों की तादाद वास्तव में इतनी कम न हो। लगभग सवा अरब लोगों के देश में आंकड़ों का सही-सही अनुमान लगा पाना वैसे भी आसान नहीं है। लेकिन अगर ये चुनिंदा लोग तंत्र को बदल न पाए तो भ्रष्टाचार का रोग इसी तरह फैलता रहेगा। इसकी वजह यह भी है कि हम एक ऐसे समाज में जी रहे हैं जो केवल सफलता और समृद्धि को ही महत्व देता हैं इनकी तुलना में अन्य सभी चीजों का महत्व कम माना जाता है।

भ्रष्टाचार के विरूद्ध लड़ाई वास्तव में हमारे पारंपरिक मूल्यों को बचाने की लड़ाई है। यह हमारे अधिकारों हमारी धरती, हमारे वनों, हमारे न्याय तंत्र और हमारे आत्मविश्वास के संरक्षण की लड़ाई हैं। यदि हमने इन्हें गंवा दिया, यदि हमने अपनी स्वतंत्रता और अस्मिता को गंवा दिया तो सफलता, समृद्धि और प्रसिद्धि का भी आखिर क्या मोल रह जाएगा?

30

जय प्रकाश नारायण तथा अन्ना हजारे

यदि आज कोई हिंदूस्तान की सत्ता को हिला देने का दम रखता है तो वो है अन्ना हजारे। इतनी हरकत में सत्ता तभी आती है जब कोई सड़क पर निकल पड़ता है और करवा बनने लगता है, ऐसा ही एक इंसान 1975 में गाँधी मैदान बिहार में निकल आया था। वो थे जेपी, आज अन्ना हजारे सड़क पर उतर आये हैं। फर्क इतना ही उस वक्त आपातकाल का दौर था आज भ्रष्टाचार का है।

जब जेपी सड़क पर आये थे तब उनकी उम्र भी 72 साल थी और आज जो आदमी सड़क पर है उस की उम्र भी 73 साल है, आज परिस्थितियाँ चाहे कितनी अलग हों मगर सवाल सरकार का है। अन्ना हजारे जिस करवा के दम पर सरकार को घेरने में लगे हुए हैं उसमें उनकों सफलता भी मिलती हुई दिखाई दे रही है। डॉ मनमोहन सिंह ने जिन 8 नामों को जन लोकपाल विधेयक के लिए चुना है वो उतने ही दागी हैं। जितना 2 जी स्पेक्टुम में ए राजा को माना जा रहा है। शरद पवार को जन लोकपाल विधेयक में किस आधार पर जगह मिली। यह सोचना जनता की सोच से परे है। जबकि यह पहले से ही साबित हो

चुका है बलवा और शरद पवार के क्या रिश्ते थे। पी. चिदंबरम का नाम भी सीबीसी में आ चुका है।

जब भारत का संविधान बना तो डॉ. राजेन्द्र प्रसाद उस को लेकर गाँधी जी के पास गए और गांधी जी ने उनसे पूछा था इसमें गरीबों के लिए कुछ है क्या? आज हिन्दुस्तान की तस्वीर को देखा जाए तो उसमें गरीबी भी है और राजनीति भी है। भ्रष्टाचार मे डूबे नेताओं और नौकरशाहों को आम जनता की ताकत कसने के लिए अब मशहूर समाजसेवी अन्ना हजारे ने आंदोलन छेड़ दिया है। वे जनता को जमाने के लिए राजधानी के जंतर मंतर पर आमरण अनशन पर बैठे। अन्ना हजारे और समाजसेवी देश में जन लोकपाल नाम की एक ऐसी संस्था चाहते हैं, जो एमपी से लेकर पीएम तक सबको भ्रष्टाचार की सजा देने में सक्षम हो। अन्ना हजारे सरकार की जी ओ एम ग्रुप ऑफ मिनिस्ट कमेटी से इस लिए नाराज हैं क्योंकि उस में जो मिनिस्टर की जगह दी गयी है वो पहले से भ्रष्टाचार के आरोप में शामिल हैं। ऐसे में वो जी ओ एम की नुमादगी कैसे कर सकते है।

पहले ही लोकपाल विधेयक 8 बार संसद में पेश हो चूका है। नेहरू ने 1960 के दशक में इस विधेयक की पेशकश संसद में पहली बार की। उसके बाद 1996, 1968, 1969 और 2001 में इस पर चर्चा हुई, 2008 में ये विधेयक फिर से संसद में लाया गया मगर बहस बेनतीजा ही रही। अन्ना हजारे की मांग पर पी एम पहले ही सवाल उठा चुके हैं। यह कहते हुए की ऐसा कोई विधेयक आज तक कभी हिंदुस्तान की संसद में पारित नहीं हुआ। जिसमे जनता भी बराबर की भागीदार हो। मगर अन्ना हजारे पहले ही महाराष्ट्र में एक साझा कानून ला चुके हैं जिस में समाजसेवी भी उतने ही दमदार हैं जितने यहां पर सरकार है।

अन्ना हजारे 8 अप्रैल 2011 को जब सड़क पर आम लोगों के साथ आये तो सरकार पलट गयी थी। आज 40 पार कर चुके लोगों की आँखों में जेपी का जोश होगा और 70 पार कर चुके लोगों की आँखों में गांधी जी याद होंगे। जन लोकपाल विधेयक 42 साल से संसद के आसपास घूमता हुआ ही दिखाई दिया। अन्ना हजारे आमरण अनशन में बैठे। जिस के यह मायने माना जा सकता है कि अरब देशों से बदलाव की आंधी यूरोप और लीबिया जैसे देशों से होते हुए सीधा हिन्दुस्तान में आ चुकी है। जिसमें हिंदुस्तान का जवान और बूढ़ा दोनों ही शमिल हो चूका है। अन्ना हजारे को पूरे हिंदुस्तान से पूरा समर्थन मिल रहा है अब देखना ये होगा कि सरकार जन लोकपाल विधेयक पारित करती है या ये अनशन कोई नया रूप लेता है।

31

क्या है जन लोकपाल

संयुक्त राष्ट्र संघ के एक सेमिनार में राजनीतिज्ञों और नौकरशाहों के आचरण तथा कर्तव्य पालन की विश्वसनीयता तथा पारदर्शिता को लेकर दुनिया की विभिन्न राजनीतिक प्रणालियों में उपलब्ध संस्थाओं की जांच की गई। स्टॉकहोम में हुए इस सम्मलेन में वर्षों पूर्व आम आदमी की प्रशासन के प्रति विश्वसनीयता तथा प्रशासन के माध्यम से आम आदमी के प्रति सत्तासीन व्यक्तियों की जवाबदेही बनाए रखने के संबंध में विचार-विमर्श हुआ। लोक सेवकों के आचरण की जांच और प्रशासन के स्वस्थ मानदंडों को प्रासंगिक बनाए रखने के संदर्भों की पड़ताल भी की गई।

इस सेमिनार ने पांच मुख्य संस्थाओं की जांच की जो पूरी दुनिया में जांच एजेंसियों के रूप में उस समय लागू थीं, इनमें संसदीय जांच समितियां, रूस की प्रोक्यूरेसी, अंग्रेजी विधि व्यवस्था में वर्णित न्यासिक अनुतोष, फ्रांसीसी पद्वति की जांच व्यवस्थाएं तथा स्कैण्डिनेवियन देशों में प्रचलित अबुंड्समान भी शामिल रहे हैं।

इनमें अबुंड्समान नामक संस्था ने प्रशासन के बहरी बने रहने में

अंतर्राष्ट्रीय सफलता प्राप्त की है, स्वीडन को इस बात का श्रेय है, वहां वर्ष 1713 में किंग चार्ल्स बारहवें ने अपने एक सभासद को उन अधिकारियों को दंडित करने के लिए नियुक्त किया जो कानून का उल्लंघन करते थे, स्वीडन में नया संविधान बनने पर संविधान सभा के सदस्यों ने जिद की कि उनका ही एक अधिकारी जांच का कार्य करेगा, वह सरकारी अधिकारी नहीं हो सकता, तब 1809 में स्वीडन के संविधान में अबुंडसमान की व्यवस्था हुई जो अदालतों और लोकसेवकों द्वारा कानूनों तथा विनियमों के उल्लंघन के प्रकरण की जांच करेगा।

उसे राष्ट्रपति द्वारा चार वर्ष के लिए नामजद किये जाने की परंपरा है, वह निस्संदेह देश के सर्वश्रेष्ठ न्यायविद और सर्वोच्च न्यायालय के न्यायाधीशों में से होता है, प्रत्येक वर्ष संसद के प्रारंभिक सत्र में उसका वार्षिक प्रतिवेदन प्रस्तुत किया जाता है। स्वीडन के शासकीय सेवक मंत्रीय नियंत्रण में नहीं होते, वहां मंत्री केवल नीति विषयक मामलों से संबद्ध होते हैं जबकि प्रशासन अधिकतर स्वशासी होता है।

स्वीडन के नौकरशाह कानून के प्रति जवाबदेह होते है। लोकसेवक की लापरवाही, विवेकहीनता और अज्ञान उन्हें अभियोजन की कार्यवाही के योग्य बना देते हैं। उनके अभियोजन की स्वीकृति देने वाला अधिकारी अंबुड्समान कहलाता है। अंबुड्समान दोषी अधिकारियों के विरूद्ध शिकायतों की जांच करता है जो जनता द्वारा की गई होती है। संतुष्ट होने पर उनके प्रकरण अग्रिम कार्यवाहियों के लिए न्यायालयों में भेजता है।

स्वीडन के विपरीत डेनमार्क में नौकरशाहों के कृत्य के लिए मंत्रिपरिषद जिम्मेदार है लेकिन 1953 के संविधान और अंबुड्समान अधिनियम 1954 के तहत डेनमार्क में भी स्वीडन की तरह अंबुड्समान

की स्थापना की गई। शुरू में उस पद पर प्रसिद्ध न्यायविद प्रोफेसर स्टीफन हरवित्ज को नियुक्त किया गया।

डेनमार्क के अंबुड्सान की नियुक्ति संसद द्वारा प्रत्येक आम चुनाव के बाद की जाती है। संसद ही उसे हटाने में समर्थ है। डेनमार्क के अंबुड्समान के निर्णयों पर संसद में पुनर्विचार नहीं होता। मंत्री भी अंबुड्समान की परिधि में आते हैं। डेनमार्क का अंबुड्समान स्वमेव मुकदमे नहीं चला सकता जैसा स्वीडन में होता है। केवल अभियोजन अधिकारी को अभियोजन चलाने का आदेश देता है। शासन के विरूद्ध परिवादी नागरिक को वह मुकदमा चलाने की सलाह दे सकता है। इस कार्य के लिए कानूनी सुविधा भी उपलब्ध करा सकता है। वह अपने कार्यो की रिपोर्ट अंततः संसद को प्रेषित करता है।

नार्वे में विश्वयुद्ध के बाद नागरिकों ने अधिकारियों और राजनेताओं के खिलाफ शिकायतों का पहाड़ खड़ा कर दिया था। 1945 में नार्वे की सरकार ने प्रशासनिक प्रक्रियाओं के लिए एक समिति नियुक्त की।

यह जानना दिलचस्प है कि ब्रिटेन, अमरीका और अभियोजन चलाने का अधिकार नहीं होता और न ही वह डेनमार्क के अंबुड्समान की तरह किसी अधिकार के विरूद्ध अभियोजन चलाने के आदेश दे सकता है। वह केवल ध्यान आकृष्ट करता है कि अमुक अधिकारी ने अमुक गलती की है और उस पर संस्तुति करता है कि दोषी अधिकारी के विरूद्ध उचित न्यायिक कार्यवाही की जाए। न्यायाधीश और मंत्री नार्वे के अंबुड्समान की परिधि से बाहर होते हैं।

स्कैण्डिनेवियन देशों के तीनों अंबुड्समान के अधिकारों में विसंगति होने पर भी कुछ बुनियादी बातें समान हैं। प्रत्येक अंबुड्समान संसद के प्रति उत्तरदायी होता है और आम जनता के प्रति भी। वह शासकीय

दस्तावेज मंगा सकता है, केवल कुछ गोपनीय कागजातों को छोड़कर। लेकिन मंत्रिमंडल एवं नौकरशाही द्वारा किये गये कई विवेकाधीन फैसलों की जांच वह नहीं कर सकता जब तक कि इन फैसलों में उसे विवेकहीनता की गंध न आये अथवा पदों के दुरूपयोग की शिकायतें नहीं मिले।

स्कैण्डिनेवियन देशों में नागरिकों को इतनी संवैधानिक सुरक्षा प्रदान की जाती है कि उनकी एक-एक सच शिकायत की जांच एक बड़े न्यायिक अधिकारी द्वारा की जाए। प्रेस को भी इस बात की आजादी होती है। कि वह ऐसी होने वाली जांच की कार्यवाही पर कड़ी नजर रखे और उसे प्रकाशित भी करे।

अंबुड्समान की कार्यवाहियां खुली अदालत में होती हैं और उनकी रिपोर्टें प्रकाशित की जाती है। कई मौकों पर तो अंबुड्समान द्वारा नागरिक अधिकारों के संदर्भ में राज्य शासन से नागरिक की तरफ से ज़िरह तक करने के दृष्टांत आए हैं। कई ऐसे मौके भी आए हैं जब किसी पीड़ित नागरिक को राज्य शासन द्वारा कानूनी तौर पर कोई अनुतोष नहीं दिया गया। तब भी अंबुड्समान ने संबंधित विभाग के मंत्री को इस बात के लिए प्रेरित किया कि वह कानूनों के अभाव में तथा न्याय की कसौटी पर पीड़ित नागरिक को कुछ न कुछ सहूलियत तो दे ही दे।

इंग्लैंड में अंबुड्समान के संबंध में पहली सार्थक चर्चा 1965 में हुई जब महारानी ने अंग्रेजी संसद का संबोधित किया और यह कहा कि इस संबंध में विधेयक शीघ्र लाया जायेगा। जिसके द्वारा संसदीय आयुक्त की नियुक्ति प्रशासनिक मामलों से संबंधित व्यक्तिगत शिकायतों के निराकरण के लिए की जायेगी। प्रधानमंत्री हैरोल्ड विल्सन ने अप्रैल

1965 में अंबुड्समान संबंधी विधेयक हाउस ऑफ कॉमन्स में प्रस्तुत किया। प्रधानमंत्री ने यह भी कहा, "हम संसद सदस्यों को एक बेहतर प्रशासनिक उपकरण सौंप रहे हैं, जिससे वे नागरिकों के हितों की रक्षा कर सके। हमारी यह नीयत है कि संसदीय आयुक्त न्यायिक व्यक्ति नहीं हो, परंतु उसे संसदीय प्रतिनिधित्व प्राप्त हो जिसे काम करने की भरपूर आजादी भी हो।"

इस विधेयक का सत्ता तथा विपक्ष दोनों की ओर से भरपूर स्वागत हुआ। सर राबर्ट केरी ने इस अवसर पर अलबत्ता यह चेतावनी दी कि सरकार इस बात को भी देख ले कि संसदीय आयुक्त की संस्था अनेक कारणों से अनेक देशों में गिरावट की ओर है क्योंकि इससे जनता की आकांक्षाएं पूरी नहीं हो रही है।

फिनलैण्ड और स्वीडन में अंबुड्समान को न्यायाधीशों के कार्यक्षेत्र के ऊपर अधिकार है। लेकिन अंग्रेजी संसदीय आयुक्त के अधिकार प्रशासनिक क्षेत्राधिकार तक सीमित हैं। इंग्लैंड का अंबुड्समान 65 वर्ष की उम्र मे सेवा निवृत हो जाता है और संसद के दोनों सदन मिलकर ही उसे हटा सकते हैं। इंग्लैंड का संसदीय उन मामलों की छानबीन भी कर सकता है। जिनमें परिवादी पक्षकार को भले ही अन्य न्यायिक रास्ते भी उपलब्ध हों। ऐसी जांच लगभग बंद कमरे में होती है। जिस अधिकारी के विरूद्ध जांच हो रही हो उसे अपना पक्ष समर्थन करने का अवसर भी दिया जाता है।

संसदीय आयुक्त ऐसे किसी भी मंत्री, अधिकारी या अन्य लोक सेवक को बुला सकता है जिससे जांच में उसे मदद मिले। वह दस्तावेजी साक्ष्य भी बुला सकता है। यदि कोई व्यक्ति संसदीय आयुक्त के काम में रोड़ा अटकाये तो उसे न्यायालय की मानहानि के समकक्ष

माना जाता है।

डेनमार्क के अंबुड्समान की इतनी प्रतिष्ठा बन गई है कि कई बार तो उसे दूसरे देशों जैसे इंग्लैंड से भी शिकायतें मिलती हैं कि वहां जो कुप्रशासन चल रहा है, उसके खिलाफ अंबुड्समान उसे कुछ राहत तो दिलवाये।

यह विशेष उल्लेखनीय है कि स्वीडन, डेनमार्क्र और नार्वे में अदालतों को सरकारी फैसलों को उलट देने का अधिकार हैं, तथ्यों पर भी और वैधानिक गलतियों के कारण भी। संयोगवश ऐसा अधिकार इंग्लैड और भारत जैसे देशों की अदालते को नहीं है। इस तरह अंबुड्समान की भारत में उपस्थिति और भूमिका पूरक शैली की ही है। लार्ड डेनिंग ने तो मजाक में यहां तक कहा है कि जिस तरह कुदाली और फावड़े से अब कोई कोयला नहीं खोदना, इसी तरह कोई नागरिक उच्च न्यायालय में यचिकांए लगाकर नौकरशाही के खिलाफ न्याय पाने की अपेक्षा नहीं करता। यही वह संवेदनशील बिंदु है जिसके कारण भारत में लोकपाल और लोकायुक्त जैसे शब्दों का उपयोग हुआ और बाद मे लोकायुक्त संस्था का प्रदेशों में रूप दिया गया।

32

जनलोकपाल विधेयक

जनलोकपाल विधेयक जिसे नागरिक के ओम्बड्समैन विधेयक के रूप में भी जाना जाता है, वह भारत में एक प्रस्तावित भ्रष्टाचार विरोधी कानून है। इस विधेयक को इस प्रकार तैयार किया गया है ताकि भ्रष्टाचार पर प्रभावी रूप से नकेल कसी जा सके, नागरिकों की शिकायतों का निराकरण किया जा सके तथा भ्रष्टाचार की कलई खोलने वाले को सुरक्षा प्रदान की जा सके। यदि इस विधेयक को पारित कर दिया जाता है तथा इसे कानूनी जामा पहना दिया जाता है तो यह विधेयक एक ओम्बड्समैन को अस्तित्व में लाएगा जिसे लोकपाल का नाम दिया जाएगा जो भारत के चुनाव आयोग के जैसा एक स्वतंत्र निकाय होगा जिसे राजनीतिज्ञों एंव नौकरशाहों से बगैर किसी आज्ञा लिए इनके विरूद्ध जाँच कर देने का अधिकार प्राप्त होगा। सबसे पहले 1969 में इस विधेयक को लागू किया गया था लेकिन इसे कानूनी रूप नहीं दिया जा सका और अभी तक भी करीब चार दशकों के बाद भी यह वहीं का वहीं बना हुआ है।

2011 में अन्ना हजारे जो कि एक गांधीवादी एवं प्रसिद्ध समाज सेवक हैं द्वारा इस विधेयक को पारित कराने के लिए नई दिल्ली में

एक सत्याग्रह आंदोलन शुरू किया गया, जिसमें अन्ना ने इस विधेयक को पारित कराने के लिए भूख-हड़ताल शुरू की और कहा कि जब तक यह विधेयक पारित नहीं होता या सरकार पास कराने का वादा नहीं करती तब तक यह आंदोलन जारी रहेगा चाहे उनकी जान ही क्यों न चली जाए। अन्ना को इस आंदोलन में पूरे देश यहाँ तक कि विदेशों में भी भरपूर समर्थन मिला। लाखों-युवक, बूढ़े, कालेज के छात्र-छात्राएँ एवं करीब-करीब समस्त तबके के लोगों ने इस आंदोलन में जमकर हिस्सा लिया। समस्त तबके के लोगों ने इस आंदोलन में भाग लेने के कारण सरकार को आगे झुकना पड़ा तथा भारत के प्रधानमंत्री मनमोहन सिंह ने इस बात का आश्वासन दिया कि 2011 के संसद के मानसून सत्र में इस विधेयक को लाया जाएगा। परंतु सरकार द्वारा अपने तरीके से इससे संबंधित विधेयक प्रस्तुत किया गया जो कि अत्यंत कमजोर है।

पृष्ठभूमि

सबसे पहली बार इस विधेयक 1968 में शांतिभूषण द्वारा लाया गया था जिसे 1969 में चौथे लोकसभा में पारित कर दिया गयाथा। हालाँकि इसे राज्यसभा में नहीं प्रस्तुत किया गया। जोकि भारतीय संसद का उच्च सदन है। कालांतर में इसे अलग-अलग रूप में 1971, 1977, 1985, 1989, 1996, 1998, 2005 तथा 2008 में पुनः लाया गया परंतु इन्हें पारित कभी नहीं किया गया। इस विधेयक को पुनः पारित कराने के संदर्भ में प्रयत्न प्रारंभ किया गया। परंतु सरकार द्वारा 2010 का लोक पाल विधेयक तैयार किया गया उस पर सिविल सोसायटी के सदस्यों जिसमें संतोष हे गडे, शांतिभूषण, प्रशांत भूषण अरविंद केजरीवाल शामिल हैं द्वारा, भ्रष्टाचार विरोधी आंदोलन के सदस्यों के साथ मिलकर सरकारी लोकपाल विधेयक पर भारी नराजगी जताई गई। इन लोगों द्वारा सरकार के लोकपाल विधेयक को अत्यंत कमजोर बताया गया जिसके द्वारा भ्रष्टाचार पर कभी भी रोक नहीं

लगाया जा सकता।

सरकारी तथा सिविल सोसायटी के ड्राफ्ट में अंतर

ड्राफ्ट लोकपाल विधेयक 2010 (सरकारी विधेयक)	जन लोकपाल विधेयक (नागरिक के ओम्बड्समैन विधेयक)
सामान्य नागरिक द्वारा भ्रष्टाचार के विरूद्ध शिकायत करने पर लोकपाल को शिकायत दर्ज करने तथा इस पर कोई कार्यवाही करने का अधिकार नहीं होगा। इसे सिर्फ लोकसभा के स्पीकर व होगा।राज्यसभा के अध्यक्ष के द्वारा शिकायत पर विचार करने के उपरांत शिकायतों की जाँच करने का अधिकार होगा।	जनलोकपाल के अंतर्गत लोकपाल को सामान्य नागरिक से भ्रष्टाचार के विरूद्ध शिकायत दर्ज करने के अधिकार के साथ-साथ इस पर कार्यवाही करने का भी अधिकार होगा।
लोकपाल सिर्फ एक परामर्शदाता निकाय होगा जिसे सिर्फ रिपोर्ट को इससे संबंधित अधिकारी को आगे बढ़ाने का अधिकार होगा	इस लोकपाल के अंतर्गत लोकपाल को जो कोई भी दोषी पाया जाता है उसके विरूद्ध कार्यवाई करने तथा अधिकार होगा।
लोकपाल को किसी प्रकार का पुलिस अधिकार नहीं प्राप्त होगा तथा इसे एफ.आई.आर. भी दर्ज करने का अधिकार नहीं होगा।	जनलोकपाल विधेयक के अंतर्गत लोकपाल को एफ.आई. दर्ज करने का अधिकार होगा तथा पुलिस संबंधी भी अधिकार होगा।

सी.बी.आई तथा लोकपाल के मध्य किसी प्रकार का संबंध नहीं होगा।	इस के अंतर्गत लोकपाल तथा सी. बी.आई की भ्रष्टाचार विरोधी शाखा एक स्वतंत्र निकाय होगी।
भ्रष्टाचार के लिए कम से कम छः तथा ज्यादा से ज्यादा 7 वर्ष के लिए दंड का प्रावधान होगा।	इसके अंतर्गत दंड का प्रावधान कम से कम दस वर्ष का होगा तथा ज्यादा से ज्यादा उम्र कैद की सजा का प्रावधान होगा।

विस्तारः सरकारी लोकपाल तथा अन्ना हजारे की टीम के विधेयक

मुद्दा	जनलोकपाल विधेयक	सरकारी लोकपाल विधेयक
प्रधानमंत्री	लोकपाल बेंच के सात सदस्यों की आज्ञा से प्रधान मंत्री के विरूद्ध कारवाई जा सकती है।	लोकपाल को प्रधानमंत्री के विरूद्ध जाँच करने का अधिकार नहीं होगा।
न्यायपालिका	न्यायपालिका भी जाँच के घेरे में रहेगी। लोकपाल बेंच के सात सदस्यों की आज्ञा से उच्च स्तर के सदस्यों की जाँच की जा सकती है।	न्यायपालिका लोकपाल के दायरे से मुक्त होगी तथा इस पर कार्यवाई एक अलग से "न्यायपालिका उत्तरदायी विधेयक" द्वारा की जाएगी।
सांसद	इसके तहत सांसदों के विरूद्ध जाँच भी लोकपाल बेंच के सात सदस्यों की आज्ञा से की जाँच सकती है।	इस विधेयक के तहत सांसदों के विरूद्ध जाँच की जा सकती है। परंतु संसद के के भीतर उनके व्यवहार के

		लिए जैसे कि वोटिंग मामले में किसी प्रकार की जाँच नहीं की जा सकती।
निम्न स्तरीय नौकरशाही	समस्त प्रकार के सरकारी कर्मचारियों को शामिल करना।	सिर्फ ग्रुप 'ए' के अधिकारियों को इसके अंतर्गत लाना।
सी.बी.आई.	सी.बी.आई. को लोकपाल में शामिल कर लेना।	सी.बी.आई एक पृथक एजेंसी होगी।
लोकपाल के सदस्यों एवं अध्यक्ष की पदच्युति	किसी भी व्यक्ति को सर्वोच्च न्यायालय के समक्ष शिकायत ले जाने का अधिकार होगा जो राष्ट्रपति को इस सदस्यों हटाने के लिए सिफारिश करेगा।	कोई भी "पीड़ित दल" राष्ट्रपति से इस बारे में शिका -यत करेगा जो सर्वोच्च न्याया -लय के मुख्य न्यायाधीश के हवाले इस बात को कर देगा।
लोकपाल तथा अन्य अधिकारियों की पदच्युति	लोकपाल के कर्मचारियों के विरूद्ध कारवाई प्रत्येक राज्य में स्थापित स्वतंत्र बोर्डों के द्वारा की जाएगी। इस बोर्ड में सेवानिवृत्त नौकरशाह तथा सिविल सोसायटी के सदस्य होगें।	लोकपाल के द्वारा ही स्वंय के व्यवहार की जाँच की की जाएगी।
लोकायुक्त	लोकायुक्त तथा अन्य स्थानीय राज्यस्तरीय भ्रष्टाचार विरोधी एजेंन्सी स्थान में ही बने रहेगें।	समस्त राज्य स्तरीय भ्रष्टाचार विरोधी एजेन्सियों को बंद कर दिया जाएगा तथा एक केन्द्रीय लोकपाल पर इसकी जिम्मेदारी होगी।

	कार्यालय से निष्कासन का या तो लोकपाल के द्वारा प्रत्यक्ष तौर पर दंड का जो प्रावधान होगा वह होगा तथा भ्रष्टाचार के द्वारा जो गयी है उसे वापस ले लिया जाएगा।	लोकपाल सिर्फ कोई में इस मुद्दे को ले जाएगा। वह किसी प्रकार कार्रवाई करने का अधिकारी नहीं होगा। दंड वर्तमान कानून के समानांतर ही होगा।
जाँच की अधिकार सीमा	लोकपाल का तिरस्कार संबंधी आदेशों को छोड़कर वायरटेप करने, जाँच अधिकारी को बहाल करने तथा पत्र लिखने का अधिकार नहीं होगा।	लोकपाल को तिरस्कार आदेश जारी करने के साथ-साथ उसे तिरस्कार के अंतर्गत आए लोगो को भी दंडित करने का अधिकार होगा। इसे वायरटेपस प्राप्त करने रोगटारी पत्र जारी करने या जाँच अधि -कारियों को बहाल करने का अधिकार नहीं प्राप्त होगा।

प्रस्तावित विधेयक की प्रमुख विशेषताएं:-

विधेयक की प्रमुख विशेषताएँ निम्न प्रकार से है:-

1. एक केन्द्रीय सरकार द्वारा भ्रष्टाचार विरोधी संस्था की स्थापना करना जिसे लोकपाल का नाम दिया जाएगा जो राज्य के स्तर पर लोकायुक्त द्वारा समर्थित होगा।

2. सर्वोच्च न्यायालय तथा मंत्रीमंडल सचिवालय के संदर्भ में लोकपाल की निगरानी मंत्रीमंडल सचिवालय चुनाव आयुक्त

द्वारा की जाएगी। इसका नतीजा यह होगा कि यह पूर्व तरह सरकार से स्वतंत्र होगा तथा किसी मंत्री द्वारा भी इसकें जाँच को प्रभावित नहीं किया जा सकेगा।

3. सदस्यों की नियुक्ति न्यायाधीशों, भारतीय प्रशासनिक सेवा के अधिकारियों, जिनकी काफी साफ-सुथरी छवि हो द्वारा किए जाने के साथ-साथ सामान्य नागरिकों तथा संवैधानिक अधिकारियों द्वारा एक सुस्पष्ट एवं भागीदारी प्रक्रिया के तहत किया जाएगा।

4. प्रत्येक महीना अपने वेबसाईट पर लोकायुक्त के निवृत्त मुकद्दमों को दर्शाया जाएगा। इसके साथ ही इन मुकदमों के बारे में क्या-क्या फैसले लिए गए कौन-कौन सी बातें थी आदि-आदि को भी दर्शाया जाएगा। अपनी बेवसाईट पर लोकायुक्त को पिछले महीने प्राप्त किए गए शिकायतों या मुकदमें की सूची को भी प्रदर्शित किया जाएगा।

5. एक वर्ष के भीतर प्रत्येक मुकदमें का निपटारा आवश्यक है। देर होने की स्थिति में ज्यादा-से-ज्यादा दो वर्ष का वक्त दिया जाएगा।

6. किसी लोकपाल के अधिकारी के विरूद्ध एक महीने के भीतर कारवाई पूरी की जाएगी। और यदि उसके खिलाफ ठोस सबूत पाए जाते हैं तो उसे दो माह के भीतर नौकरी से निष्कासित कर दिया जाएगा।

7. किसी भ्रष्ट व्यक्ति द्वारा सरकार को नुकसान पहुँचाए जाने की स्थिति में उससे उस नुकसान की भरपाई दंड निर्धारित करने के वक्त व सुला जाएगा।

8. वर्तमान भ्रष्टाचार विरोधी एजेंसी निगरानी विभाग तथा सी.बी. आई. की भ्रष्टाचार विरोधी शाखा को लोकपाल में मिला दिया जाएगा जिसे स्वतंत्र रूप से किसी भी अधिकारी न्यायाधीश या राजनीतिज्ञ को जाँच करने का संपूर्ण अधिकार प्राप्त होगा।

33

अधिनियम जनलोकपाल विधेयकः एक प्रभावी भ्रष्टाचार विरोधी व्यवस्था

यह एक प्रकार का अधिनियम है जिसके द्वारा केन्द्र में इस प्रकार की एक भ्रष्टाचार विराधी एवं शिकायत निवारण व्यवस्था की स्थापना करना है ताकि भ्रष्टाचारियों पर इस प्रकार की लगाम लगाई जाए एवं उन्हें इस प्रकार से दंडित किया जाए ताकि वह एवं अन्य व्यक्ति कभी भी किसी भी प्रकार के भ्रष्टाचार मे संलिप्त होने से आक्रांत हों। इसके साथ-साथ भंडाफोड़ करने वाले को भी संरक्षण प्रदान किया जाएगा।

1. लघु उपाधि एवं प्रारंभः

(क) यह एक अधिनियम है जिसे भ्रष्टाचार विरोधी, शिकायत निवारण तथा भंडाफोड़ संस्थान अधिनियम 2010 है।

(ख) इसके बनने के एक सौ बीसवां दिन यह अस्तित्व में आ जाएगा।

2. परिभाषाएँ:

(क) 'कार्रवाई' से तात्पर्य हैं। सरकारी अधिकारी द्वारा अपने प्राप्त अधिकार के आधार पर की गई कार्रवाई पर उसी अनुरूप प्रतिबंध लगाना जिसमें फैसलें, सिफारिश, काम करने से मना करना आदि शामिल है।

(ख) 'दोषारोपण' एक सरकारी नौकर के संबंध के संदर्भ में उस बात को शामिल किया जाता है जब वह

(क) किसी गलत प्रकार के कार्य में सरकारी नौकर रहते शामिल हो,

(ख) भ्रष्टाचार में लिप्त हो

(ग) 'शिकायत' के अंतर्गत किसी प्रभावी शिकायत या दोषारोपण या भंडाफोड़ करने वाले द्वारा संरक्षण तथा सही-सही कार्रवाई करने के लिए अनुरोध शामिल है।

(घ) 'भ्रष्टाचार' के अंतर्गत उन किसी भी प्रकार की चीज को शामिल किया जाता है जो भारतीय दंड संहिता के अध्याय 9 तथा 1988 के भ्रष्टाचार विरोधी अधिनियम के अंतर्गत दंड देने का प्रावधान किया गया है।

बशर्ते कि यदि कोई व्यक्ति नियमों का उल्लंधन कर सरकार से फायदा कर रहा हो तथा किसी सरकारी नौकर द्वारा किसी भी व्यक्ति को प्रत्यक्ष या अप्रत्यक्ष रूप से लाभ पहुंचाया जा रहा हो, उसे भी भ्रष्टाचार में लिप्त होने का दोषी पाया जाएगा।

(5) "सरकार" या "केन्द्रीय सरकार" से तात्पर्य है भारत सरकार।

(6) लोकपाल से तात्पर्य

(क) इस अधिनियम के अंतर्गत स्थापित बेंचें तथा उसके द्वारा इस अधिनियम के अंतर्गत दिए गए प्रावधानों के अनुरूप अपनी जिम्मेदारी निभाना।

(ख) किसी अधिकारी या कर्मचारी द्वारा इस अधिनियम के प्रावधानों के अंतर्गत अपनी जिम्मेवारी का निर्वाह करना।

(ग) अन्य उद्देश्यों के लिए अध्यक्ष तथा सदस्यों द्वारा एक निकाय के रूप में सामूहिक रूप से कार्य करना।

(7) सरकारी नौकर से अर्थ है वह व्यक्ति जो किसी समय है या नहीं:-

(क) प्रधानमंत्री

(ख) एक मंत्री

(ग) संसद सदस्य

(घ) उच्च न्यायालय या उच्चतम न्यायालय के न्यायाधीश

(ड़) सरकारी नौकर

(च) अध्यक्ष या उपाध्यक्ष, केन्द्रीय सरकार द्वारा या किसी कानूनी निकाय या निगम के नियंत्रण में आने वाला किसी स्थानीय प्राधिकरण का सदस्य।

34

जन लोकपाल या जन चौपाल?

प्रस्तावित जन लोकपाल विधेयक को लेकर देश में खासी सुगबुगाहट है। यह पहली बार हुआ है कि किसी जन आंदोलन के कारण जनता या सिविल समाज के कुछ चुने हुए प्रतिनिधियों को मसविदा समिति में बराबर संख्या के आधार पर महत्वपूर्ण मंत्रियों के साथ सहभागिता मिली हो। नागरिक समाज में संसदीय विधायन में प्रवेश करने की पहली पायदान तक पहुंचने का यह एक प्रारंभ है। इससे संसद की संप्रभुता, गरिमा या भूमिका धूमिल नहीं होता, जैसा कुछ मंत्री बार-बार बयान दे रहे थे।

अन्ना हजारे ने जन लोकपाल अधिनियम बनाने के लिए किसी सुविचारित, संसुंगठित और दीर्घजीवी आंदोलन का नेतृत्व नहीं किया है। हुआ यह है कि देश की जनता भ्रष्टाचार सहते-सहते इतनी अजिज हो चुकी है कि अन्ना हजारे उसे एक प्रतीक पुरूष के रूप में भाये। इसमें भी कोई शक नहीं है कि कथित सिविल सोसायटी के प्रतिनिधियों ने आंदोलन और अनशन करने के लिए सही वक्त चुना था।

विश्व क्रिकेट में भारत के जीतने के बाद (चाहे कैसी भी स्थिति हो) एक तरह की एकजुटता और उससे उत्पन्न उत्साह तो भर गया था। कुछ ही दिनों बाद पेशेवर, बदनाम लेकिन लोकप्रिय आइपीएल की

क्रिकेट प्रतियोगिताएं होने वाली थी। इसी बीच तीन दक्षिणी और दो पूर्वी राज्यों की विधानसभाओं के चुनाव होने वाले थे। इन सभी प्रदेशों में कांग्रेस पार्टी अपने वर्चस्व की लड़ाई से जूझ रही थी।

राष्ट्रीय जीवन की ऐसी परिस्थिति का अन्ना हजारे और उनके साथियों ने भरपूर मनोवैज्ञानिक फायदा उठाया। जिसकी आशंका थी हुआ वहीं। झुक जाने वाली सम्प्रग सरकार के इतंजामचुनिन्दा पहले से ही इस स्थिति को टाल सकते थे। कांग्रेस पार्टी का बड़ा नेतृत्व इन दिनों उनके हाथों में हैं, जिनकी देह से इत्र और सेंट की खुशबू आती है, पसीने की दुर्गंध नहीं। अन्ना हजारे की अगुआई वाली समिति की शर्तें मानते हुए भी केन्द्र सरकार ने आखिर अपनी कूटनीति छोड़ देने का वायदा तो नहीं किया था। लिहाजा परदे के पीछे खेल शुरू हो गया।

स्वामी रामदेव और स्वामी अग्निवेश दो भगवाधारी हैं जो अपने वस्त्रों का उपयोग अपनी छवि और अपना ब्रांड चमकाने के लिए बेहतर करते हैं। इन दोनों भगवाधारियों की उपस्थिति से आंदोलन की गंभीरता जनधार्मिता के अर्थ में क्षीण हो जाती है: एक गंभीर मुद्दे पर देश के आमजन की चिंताओं को संतुलित ढंग से रेखांकित करने के बदले बाबा रामदेव मंच पर उन्माद उत्पन्न करने का अभिनय ज्यादा करते रहे।

वे क्षण उत्साह और संघर्ष के थे। उनमें श्रोताओं का मनोरंजन करने की स्थितियां नहीं ढूंढनी चाहिए थी। भ्रष्टाचारियों को फांसी देने की मांग पर तालियां बजवाने के बावजूद वह एक फासीवादी प्रवृत्ति है, जो लोकतंत्र में पूरी न्याय व्यवस्था के औचित्य पर सवाल लगाती है। अफजल गुरू को तो कई कारणों से फांसी पर चढ़ाया नहीं जा सकता है। नावंगतुक भ्रष्टाचारी आनन फानन में फांसी पर कैसे चढ़ जायेंगे?

दिग्विजय सिंह इन दिनों राष्ट्रीय राजनीति में कांग्रेस द्वारा नियुक्त विवादास्पद बयानों, चुटकुलों, चुनौतियों और धर्मनिरपेक्षता की झंडाबरदारी के राष्ट्रीय विश्वविद्यालय हैं। जब तक अन्ना का अनशन परवान चढ़ता

रहा, कांग्रेस के महासचिव मौन रहे। जब चिड़ियां खेत चुग गईं तो उन्होंने सभी ऐसे लोगों को चुनाव लड़ने की चुनौती दे दी जो निर्वाचित जन प्रतिनिधियों के कथित भ्रष्टाचार पर सजाएं ढूंढ रहे हैं।

कोई कांग्रेस के नये चाणक्य से पूछे कि करोड़ों रूपया खर्च करने के बाद ही यदि विधायकी या सांसदी मिल पाती है तो देश का औसत नागरिक ऐसे जन प्रतिनिधियों के चेहरे पर कोलतार पोतना पंसद करेगा या उनसे चुनाव लड़कर पिटना चाहेगा। दिग्विजय इन दिनों की संपत्ति के स्रोतों का पता लगाने में बहुत सक्रिय होते हैं। उन्होंने बाबा रामदेव से उनके आर्थिक स्रोतों का खुलासा करने की सार्वजनिक मांग की। अब वे अन्ना हजारे से इसी तरह की मांग कर रहे हैं। यदि ऐसे सवाल रक्तबीज की तरह पैदा होते रहे, तो देश में कोई आंदोलन कभी विश्वसनीय कैसे बनेगा।

बड़े बोले वकील मंत्री कपिल सिब्बल शायद सोनिया गांधी और प्रधानमंत्री को अपनी कोशिशों को लेकर आश्वस्त नहीं कर पाये होंगे। इसलिए जब सरकार ने अर्थात् इन दोनों बड़े नेताओं ने समझदारी का परिचय देते हुए अन्ना की बातें मान ली तो झल्लाहट में सिब्बल फिर बोल गये कि जन लोकपाल अधिनियम से कुछ होने वाला नहीं है।

कांग्रेस प्रवक्ता वकील अभिषेक मनु सिंघवी भी बगले झांकते रहे क्योंकि उनकी भी इस दलील को सरकार ने नहीं माना कि बाहरी शक्तियों अर्थात् नागरिकों को मसविदा समिति का सदस्य बनाने से संविधान का उल्लंघन होता है। दिल्ली के मुख्यमंत्री के बेटे सांसद संदीप दीक्षित भी समिति के गठन को सांसदों के अधिकार में हस्तक्षेप मानते हैं। उनकी समझ के अनुसार केवल सांसदों को ही अधिनियमों का मसौदा बनाने की पात्रता है। इसके बरबस अनुभवी और समझदार वकील मंत्री सलमान खुर्शीद ने समिति से बहुत अधिक गंभीरता, धीरज और सोच विचार की उम्मीद की जिसकी तारीफ की जानी चाहिए।

अनशन स्थल से राजनीतिज्ञों को खदेड़ा जाना अच्छा प्रदर्शन नहीं था। यह ठीक है कि राजनेता हर उस जगह मलाई उतारने पहुंच जाते हैं, जहां जनता के आक्रोश का दूध उबलता होता है। भरे पेट के राजनेताओं में केवल नीतिश कुमार ने सोच समझकर संतुलित समर्थन दिया लेकिन भविष्य मूलक भाषा में।

अन्ना ने नरेन्द्र मोदी की प्रशंसा करके आफत मोल ले ली। मोदी ने फौरन अहसान माना। लेकिन कांग्रेस पार्टी में तो बवाल मच गया। अन्ना ने सुप्रीम कोर्ट और हाई कोर्ट के न्यायधीशों को जन लोकपाल विधेयक से अलग रखने की इच्छा व्यक्त की। उसे मसौदा में क्यों रखा गया था? खुद अन्ना हजारे पर पुणे की एक कथित भ्रष्टाचार उन्मूलन समिति ने सम्पत्ति के उपयोग संबंधी आरोप जड़ दिए।

बाबा रामदेव ने पिता पुत्र शांतिभूषण और प्रशांत भूषण को ड्राफ्टिंग कमेटी में रखने पर पहले तो ऐतराज किया। फिर उसे लील गये। स्वामी अग्निवेश बीच में नक्सलियों से जुड़े मुद्दों की देखरेख करने का हवाई वक्त भी निकाल लेते हैं राष्ट्रीय राजनीति में छत्तीसगढ़ की माटी में जन्मा यह भगवाधारी सन्यासी कभी भी शांत होकर नहीं बैठ सकता। भाजपा के नेताओं ने प्रतिवाद किया है कि सभी राजनीतिज्ञों के खिलाफ बिगुल बजाते अन्ना समर्थकों की निगाह ईमानदार राजनीतिज्ञों पर क्यों नहीं पड़ती। इस सूची में मध्यप्रदेश के भाजपा के अध्यक्ष प्रभात झा भी हैं, जिनका छिपा एजेंडा मुख्यमंत्री शिवराज सिंह को नरेन्द्र मोदी से बेहतर बताना शायद होगा। वह खेल अन्ना के बयान ने खराब कर दिया।

राजनीति चौपड़ का कुटिल खेल है। सभी शकुनि पुनर्जीवित हो गये हैं। मंत्री कतई नहीं चाहेंगे कि कोई कड़ा कानून बने। बहुत से विरोधी सांसद भी इनका साथ देना चाहेंगे। अपनी गर्दनों को कसने के लिए नापने की मशीन कोई क्यों बनाना चाहेगा?

35

जन लोकपाल विधेयकः प्रमुख विशेषताएं

जनता के पाल विधेयक की प्रमुख विशेषताओं को निम्न आधार पर देखा जा सकता है:-

1. केन्द्र में एक प्रकार की संस्था है जिसे लोकपाल कहा जाता है, तथा उसी प्रकार प्रत्येक राज्य में लोकायुक्त की स्थापना की जाएगी।

2. सर्वोच्च न्यायालय तथा चुनव आयोग के जैसा ये भी पूरी तरह स्वतंत्र होंगे। इसकी जाँच को किसी भी मंत्री या उच्चे अधि कारियों द्वारा प्रभावित नहीं किया जा सकता।

3. भ्रष्ट व्यक्ति के विरूद्ध मुकदमा ज्यादात्तर नहीं चलेगा। किसी भी स्थिति में एक वर्ष के भीतर जाँच .... पूरी कर ली जाएगी। भ्रष्ट व्यक्ति के खिलाफ मुकदमा ज्यादा वर्षों तक नहीं चलेगा। किसी भी स्थिति में जाँच एक वर्ष के भीतर पूरी कर ली जाएगी। जाँच अगले एक वर्ष में अवश्य पूरी कर ली जाएगी ताकि भ्रष्ट राजनीतिक अधिकारी या न्यायाधीश को दो वर्ष के भीतर जेल भेज दिया जाए।

4. दंड की सजा सुनाते वक्त अपराधी द्वारा सरकार को जितना नुकसान पहुचाए गया है, उसकी किसी भारपाई करनी होगी।

5. यह किसी प्रकार एक आम नागरिक को मदद करेगा। यदि किसी नागरिक का कोई भी कार्य एक निश्चित समय सीमा में किसी सरकारी कर्मचारी या अधिकारी द्वारा नहीं पूरा किया जाता है तो लोकपाल द्वारा दोषी अधिकारियों पर एक निश्चित कम का दंड निर्धारित किया जाएगा जिसे उस शिकायत कर्त्ता को क्षतिपूर्ति के रूप में दंड दिया जाएगा।

7. अत: यदि आपका राशन कार्ड या वोटर कार्ड या पासपोर्ट संबंधित अधिकारी द्वारा बनाने में विलंब किया जा रहा है या पुलिस द्वारा मुकदमा नहीं दर्ज किया जा रहा है तो लोकपाल द्वारा एक माह के भीतर इस काम को कराया जाएगा। विभिन्न प्रकृत्ति के भ्रष्टाचार जैसे राशन की चोरी खराब गुणवत्ता की सड़के या पंचायत के पैसों के दुरूपयोग आदि संबंधी शिकायतें भी आप लोकपाल को दर्ज करा सकते हैं। लोकपाल को इसकी जाँच एक वर्ष के भीतर पूरी करनी होगी मुकदमा अगले एक वर्ष तक चलेगा और दोषी को दो वर्ष के भीतर जेल भेजना होगा।

8. लेकिन सरकार लोकपाल के सदस्यों के रूप में कमजोर एवं भ्रष्ट व्यक्ति करे नहीं नियुक्त करेगी। यह संभव नहीं है कारण कि इसके सदस्य न्यायाधीशों नागरिकों तथा संवेधानिक अधिकारी द्वारा चुके जाएगे न कि राजनीतिज्ञों द्वारा। इन सदस्यों का चुनाव अत्यंत पारदर्शी तरीके किया जाएगा।

9. तब क्या होगा जब लोकपाल के कुछ अधिकारी ही भ्रष्ट

निकले। लोकपाल या लोकायुक्त के सभी कार्य अत्यंत पारदर्शी होगे। किसी लोकपाल के अधिकारी के विरूद्ध दर्ज कराए गए शिकायत की जाँच की जाएगी तथा उक्त अधिकारी को दो माह के भीतर मुक्त कर दिया जाएगा।

10. वर्तमान में अस्तित्व वाली भ्रष्टाचार विरोधी एजेंसियों का क्या होगा? सीवीसी विभागीय निगरानी तथा सीवीआई की भ्रष्टाचार विरोधी इकाई को लोकपाल में मिश्रित कर दिया जाएगा। लोकपाल को स्वतंत्र रूप से कार्य करने, जांच संबंधी कार्रवाई तथा दोषी को चाहे वह राजनीतिज्ञ हो, अधिकारी हो या न्यायालय को दंडित करने का पूर्ण अधिकारी होगा।

11. यह लोकपाल का कर्त्तव्य होगा कि वह उन लोगों की सुरक्षा की व्यवस्था करे जो भ्रष्टाचार के विरूद्ध आवाज उठाते हैं।

जनलोकपाल तथा अन्ना हजारे

अंततः भारत सरकार द्वारा समस्त भारतीय विशेषकर अन्ना हजारे के सपने एक लंबे अंतराल के बाद लोकपाल समिति बनाने का अनुमोदन कर दिया गया। एक दीर्घ काफी न समय तथा बड़े क्रांतिकारी आंदोलन के कारण यह सब संभव हो पाया है। भ्रष्टाचार के विरूद्ध आंदोलन जो एक क्रांतिकारी आंदोलन के रूप में प्रकट हुआ इसमें भारत के सभी लोगों ने जमकर अपना योगदान दिया। अब 8 अप्रैल 2011 को भारत सरकार द्वारा निम्न मांगे मान ली गई है:-

किस प्रकार यह संभव हुआ:-

1. 9:30 सुबह : सिब्बल मनमोहन सिंह से मिले।

2. 11:30 सुबह : सोनिया मनमोहन सिंह में मिली।

3.	12:30 दोपहर	:	मनमोहन राष्ट्रपति से मिलकर इन मुद्दों पर चर्चा किए।
4.	3:30 दोपहर	:	प्रतिनिधि अन्ना को सभी चीजों से अवगत कराए
5.	6:00 शाम	:	केजरीवाल अग्निवेश तथा किरणबेदी ने मांगों के बारे में सलाह मशविरा किया।
6.	10:00 रात	:	अन्ना हजारे की मांगों को सिब्बल ने मान लिया।

जन लोकपाल के लिए सरकारी अधिकारी

1. प्रणव मुखर्जी
2. कपिल सिब्बल
3. सलमान खुर्शीद
4. वीरप्पा मोइली
5. पी.चिदंबरम्

लोकपाल में समाज से अधिकारी

1. अन्ना हजारे
2. शांति भूषण
3. प्रशांत भूषण

4. अरविंद केजरीवाल
5. जस्टिस संतोष हेगड़े।

1963 से लोकपाल को इसके अपने रूप में लाने के लिए संघर्ष

शुरू के साठ के दशक में, 1963 में लोकपाल या ओम्बड्समैन के कार्यालय संबंधी विचार पहली बार एक संसदीय बहस के दौरान उभरकर सामने आया था। मोरार जी देसाई की अध्यक्षता में प्रथम प्रशासनिक सुधार की सिफारिश के पश्चात् 1968 से भ्रष्टाचार विरोधी विधेयक को संसद में लागू कराने के लिए आठ असफल प्रयास किए गए परंतु विभिन्न राजनीतिक दलों के मध्य सहमति न बन पाने के कारण इसे लागू नहीं किया जा सका।

आज कल जिस प्रकार रोजाना एक-न-एक घोटाले उजागर होते जा रहे हैं, उसे देखते हुए सिविल सोसायटी के लोग इस बात के लिए मजबूर हो गए हैं कि शीघ्राती-शीध्र एक मजबूत लोकपाल विधेयक लाया जाए ताकि भविष्य में इस प्रकार की घोटालों पर रोक लगाई जा सके एवं अपराधियों को जेल भेजा जा सके। इस लोकपाल विधेयक के तहत कोई भी नागरिक किसी भी सरकारी कर्मचारी जिसमें प्रधानमंत्री, संसद सदस्य, सरकारी नौकर, वैधानिक निगम के कर्मचारी के खिलाफ शिकायत दर्ज करा सकता है कि उक्त कर्मचारी किसी प्रकार के भ्रष्ट कार्य में लिप्त है।

लोकपाल की सरंचना

जन लोकपाल विधेयक में इस बात का प्रस्ताव है कि केन्द्रीय सरकार के स्तर पर जिस संस्था की स्थापना की जाएगी उसे जन लोकपाल कहा जाएगा। ठीक इसी प्रकार प्रत्येक राज्य में जनलोकायुक्त

की स्थापना की जाएगी। केन्द्रीय सरकार के विभागों के विरूद्ध जनलोकपाल द्वारा शिकायत दर्ज की जाएगी जबकि इसी प्रकार सरकारी विभागों के विरूद्ध शिकायत दर्ज करने का अधिकार लोकायुक्त को होगा। इन प्रत्येक निकायों में सदस्यों की संख्या दस होगी तथा एक अध्यक्ष होगा।

जन लोकपाल तथा जनलोकायुक्त की स्वतंत्रता

जनलोकपाल तथा जनलोकायुक्त दोनों पूरी तरह सरकारी नियंत्रण से स्वतंत्र रहेंगे।

निम्नलिखित आधारों पर इनकी स्वतंत्रता का वर्णन किया जा रहा है:

1. **प्रशासनिक स्वतंत्रता:-** ये केन्द्रीय चुनाव आयोग, सर्वोच्च न्यायालय तथा सी ए जी के जैसा सरकारी नियंत्रण से पूरी तरह स्वतंत्र रहेगें। इस प्रकार कोई भी उच्च अधिकारी या राजनीतिज्ञ इसके कार्य में किसी भी प्रकार का दखल नहीं दे पाएगा।

2. **वित्तीय स्वतंत्रता:-** देश तथा राज्य के संचित निधि द्वारा इनके खर्च वहन किए जाँएगे। इन्हें इनकी आवश्यकतानुसार वित्तीय मदद प्रदान की जाएगी।

3. **मानवीय शक्ति:-** इन्हें अपने कार्यों के संचालन के लिए किसी वर्तमान सरकारी कर्मचारी या सीधे बजार से कर्मचारी भर्ती लेने का अधिकार होगा।

एकल भ्रष्टाचार-विरोधी एजेंसी

सीबीआई, सीवीसी तथा विभागीय सतर्कता विभाग की शाखाओं

को एक में मिलाकर लोकपाल का नाम दिया जाएगा। पुलिस की भ्रष्टाचार विरोधी शाखा तथा राज्य के सतर्कता विभाग को मिला दिया जाएगा जिसे जन लोकायुक्त के नाम से जाना जाएगा। 1986 में जब कर्नाटक लोकायुक्त की नियुक्ति की गई थी तब समस्त भ्रष्टाचार विरोधी तथा सतर्कता एजेन्सियों को लोकायुक्त में मिला दिया गया था। वर्तमान में हमारे देश के 18 राज्यों मे लोकायुक्त की संस्थाएं अस्तित्व में हैं। ये सिर्फ परामर्शदाती निकाय हैं। इन्हें ना तो किसी प्रकार की शक्तियाँ प्राप्त हैं और ना ही संसाधन। इन्हें अब जन लोकपाल विधेयकों के द्वारा जनलोकायुक्त का नाम दिया जाएगा।

अब परामर्शदात्री निकाय नहीं

जनलोकपाल तथा जनलोकायुक्त अब परामर्शदात्री निकाय नहीं रहेंगे। इन्हें अब किसी भी प्रकार के मुकदमें की जाँच की शुरूआत करने एवं दोषी को दंड देने का अधिकार प्राप्त होगा।

अब इसके लिए इन्हें किसी भी सरकारी एजेंसी से आज्ञा प्राप्त करने की जरूरत नहीं होगी।

जनलोकापाल तथा जनलोकायुक्त को नौकरशाहों पर विभागीय जुर्माना लगाने का अधिकार होगा। भ्रष्ट लोगों के खिलाफ लोकपाल के द्वारा क्या कारवाई की जाएगी।

भ्रष्टाचार हर स्तर पर व्याप्त है-

पंचायत के कार्य में, सड़कों के निर्माण में, नरेगा में, दोपहर के भोजन में, राशन में 2 जी स्पेक्ट्रम में राष्ट्रमंडल खेल आदि-आदि में। जनलोकपाल इस बात को सुनिश्चित करेगा कि भ्रष्ट लोगों को निम्नलिखित प्रावधानों के द्वारा दंडित किया जाएगा:-

समय निर्धारित जाँच: किसी भी प्रकार के भ्रष्टाचार की जाँच

एक वर्ष के भीतर पूरी कर ली जाएगी। जनलोकपाल तथा लोकायुक्त को ज्यादा से ज्यादा अधिकारियों की भर्ती का अधिकार प्राप्त होगा, यदि यह आवश्यक प्रतीत होता है कि समय पर जाँच पूरी करने के लिए इन अधिकारियों की भर्ती आवश्यक हो।

जाँच के उपरांतः लोकपाल या लोकायुक्त के द्वारा निम्न प्रकार की कार्रवाई की जाएगी।

- **भ्रष्ट अधिकारियों को नौकरी से मुअतल करनाः-** जाँचों के बाद, यदि ठोस प्रमाण उसके खिलाफ पाए जाते हैं तो इसके पश्चात् उसे उसकी बात सुने जाने का मौका दिया जाता है, इसके बाद जन लोकपाल या जनलोकायुक्त को उस अधिकारी से नौकरी से निकालने या उस पर जुर्माना लगाने का अधिकारी होगा। जैसे कि पद में अवनति, प्रोमोशन पर रोक आदि। इनकी आदेशों को उच्च न्यायालय में चुनौति दी जा सकती है।

- **समयबद्ध जाँचः-** विभागीय जुर्माना लगाने के अतिरिक्त यदि मुकदमा बना दिया जाता है तो जनलोकपाल या जनलोकायुक्त द्वारा न्यायालय में मुकदमा दायर किया जाएगा। न्यायालय द्वारा अगले एक वर्ष के भीतर मुकदमा पूरा कर दंड की घोषणा कर देना आवश्यक है। यदि आवश्यक हुआ तो जन लोकपाल या जनलोकायुक्त द्वारा सरकार को निर्देश दिया जा सकता है कि अतिरिक्त न्यायालयों की स्थापना की जाए ताकि समय पर जाँच पूरी कर ली जाए।

36

भावुकता का यह उफान कब तक?

राजेन्द्र जी अपने लेख में लिखते हैं कि पिछले दो-ढाई महीने से भारतीय समाज, राजनीति और सारे परिवेश पर अन्ना हजारे छाए हैं। हर कहीं भीड़ है, नारे हैं, प्रदर्शन हैं और लोग हैं कि रेला थम नहीं रहा है। सारे टीवी चैनल, सारे अखबार और कुछ नहीं सिर्फ उन्माद को दिखा रहे हैं। कभी तिहाड़ जेल तो कभी जंतरमंतर, इंडिया गेट तो कभी गेट वे ऑफ इंडिया.... दिल्ली, मुंबई, लखनऊ, भोपाल कहां यह उबाल नहीं है।

सारा मध्य वर्ग यानी सिविल सोसायटी जैसे घरों से बाहर निकल आई है- लोकपाल बिल.... भ्रष्टाचार पर नियंत्रण, दोषियों को सजा... .. बजबजाती भ्रष्टाचार पीड़ित सरकार पर अंकुश अन्ना दल की मांग है। इस मांग में शामिल हैं- स्वामी अग्निवेश, अरविंद केजरीवाल, प्रशांत भूषण, किरण बेदी और भी दर्जनों लोग.... अन्ना का अनशन, अन्ना के साक्षात्कार, अन्ना की योजनाएं- लगता है जैसे हम एक बड़ी क्रांति के गवाह हैं..... सारी सिविल सोसायटी हफ्तों से प्रदर्शन, नारेबाजी और अन्ना के साथ एकजुट हो रही है.... आंशका यही होती है कि क्या यह

भावुकता का ज्वार लंबे समय तक बना रहेगा? कहीं ऐसा तो नहीं है कि कुछ दिनों बाद यह उफान ठंडा पड़ जाए....

ऐसा सोचने के कारण हैं: अगस्त क्रांति में जब 'अंग्रेजों भारत छोड़ो' का नारा लगा था तो दुश्मन सामने था और हम उसकी सत्ता से लड़ रहे थे- धीरे-धीरे वह आग उग्र और हिंसक होकर चारों तरफ फैल रही थी। जय प्रकाश आंदोलन भी इंदिरा गांधी और आपातकाल के विरोध में थे, दमन और अंधेरगर्दी के खिलाफ थे- मगर आज ऐसा कोई दुश्मन सामने दिखाई नहीं देता।

भ्रष्टाचार, महंगाई अमूर्त मुद्दे हैं और उसका कोई स्पष्ट रूप नहीं हैं- वे अदृश्य और व्यापक रूप से समाज और नौकरशाही की रग-रग में व्याप्त है। उधर सिविल सोसायटी भी लगभग अमूर्त है और व्यापक समाज का प्रतिनिधित्व नहीं करती- वहां एनजीओ हैं, रिटायर्ड कर्मचारी हैं, विद्यार्थी और सामाजिक कार्यकर्ता हैं, मीडिया के लोग हैं। संस्कृतिकर्मी हैं, महिलाएं-बच्चें हैं, कभी वहां रिक्शे रेहड़ी वाले जुड़ जाते हैं तो कभी डब्बों में खाना बांटने वाले।

यानी वे सब हैं, जो सरकारी महकमों की ज्यादतियों और घूसखोरी से परेशान हैं- इसमें किसान, मजदूर, कामगार, अल्पसंख्यक दलित आदिवासी नहीं हैं। इसलिए जरूरी है कि हम भ्रष्टाचार के साथ अपराध और सरकारी तंत्र, साथ ही सिविल सोसायटी का विखंडन करें और खलनायकों और उनकी करतूतों का खुलासा करें, ताकि दुश्मन के चेहरे साफ हो सके- उन देसी-विदेशी, कारपोरेट गिरोह का पर्दाफाश होना चाहिए, जो कमीशन या दलाली के नाम पर लाखों-करोड़ों घूस देते हैं। वहीं ऊपर से नीचे तक बांटी जाती है।

अन्ना आंदोलन के पीछे व्यवस्था परिवर्तन का विचार कम, एक समानांतर सत्ता कायम करने का आशंका अधिक है। जब तक न्यायपालिका, विधायिका और प्रशासन का मूलभूत ढांचा बदलकर उन्हें जनोन्मुख नही बनाया जाता है। भ्रष्टाचार की शुरूआत धनवर्षा और चुनाव से शुरू होती है।

पूंजीवाद का अर्थ है गलाकाट प्रतियोगिता- घूस देकर संबंधित लोगों को खरीदना। सोचना यह है कि इस पर अंकुश कैसे लगे। इसके लिए सबसे जरूरी है राजनैतिक इच्छाशक्ति और बदलने का संकल्प है।

37

उधार के आंदोलन से इंकलाब

1 फरवरी 1979 के उस खुश्क दिन तेहरान एयरपोर्ट पर उतरते हुए बानी सद्र दोहरी खुशी से लबालब थे। न केवल वह बरसों बाद अपने 'वतन' लौट रहे थे, बल्कि इस वापसी में उनके साथ ईरान की बर्बर पहलवी शाह तानाशाही को उखाड़ फेकनें वाले 'आंदोलन' के एक महत्वपूर्ण नेता होने का गौरव भी शामिल था। यह और बात है कि यह खुशी देर तक नही टिकी।

आलम यह था कि एयरपोर्ट से लेकर शहर तक उमड़ती 50 लाख से ज्यादा की भीड़ भी उनको उत्साह नहीं दिल पा रही थी। वह बदलाव का जूनुन देख पा रहे थे, पर इस बदलाव को लाने वालो की सफेद और काली इस्लामिक पगड़ियां उन्हें और साफ-साफ नजर आ रही थीं उन्होने जीवन भर एक वामपक्षीय लोकतांत्रिक (भारतीय अर्थों में नहीं, वरन् यूरोप और खास तौर पर फ्रांस में प्रचलित 'सेंटर-लेफ्ट' वाले अर्थों में) राजनीति की थी। ईरान की तानाशाही के खिलाफ आंदोलन को अंतर्राष्ट्रीय स्तर पर 'वैधता' और समर्थन दोनों दिलाने में इस राजनीति की बड़ी भूमिका थी। इस राजनीति ने घरेलू स्तर पर भी

एक साझा संघर्ष खड़ा करने में एक बड़ी भूमिका निभाई थी, एक ऐसा संघर्ष जहाँ कम्युनिस्ट क्रांतिकारी, उदार लोकतंत्रवादी और इस्लामिक क्रान्ति समर्थक कंधे से कंधे मिला कर लड़ रहे थे कि 'बदलाव' का सपना हकीकत में तब्दील कर सके।

उस आंदोलन में, उसके समर्थन में भी एक अतिरेक था। यह अतिरेक में कुछ लोगों ने अपनी आंखें बंद कर ली थी, हवाओं में नजर आते संकेत पढ़ने से इनकार कर दिया था। वह 'जनता' के साथ थे, यह जाने बिना कि जनता कौन है, कहां है और किसके साथ है।

उन्होंने जनता की "नुमांइदगी" का दावा कर रहे कर रहे मुल्लाओं को 'जनता' मान लिया था। उसके परिणाम भी सामने आये, वह भी बहुत जल्दी, सत्ता पर धीरे-धीरे इस 'जनता' का कब्जा हो गया और बावजूद इस तथ्य के कि बानी सद्र इस्लामिक क्रान्ति के बाद राष्ट्रपति पद के 1980 में हुए पहले चुनाव न सिर्फ जीते, बल्कि 76 प्रतिशत वोटों के साथ जीते थे। 1981 में उन्हें पदच्युत कर दिया गया। इसके पहले कि आप यह सोचें कि यह एक व्यक्ति का पराभव था, यह जानना शायद बेहतर होगा कि इसी के साथ ईरान में 'इस्लामिक रिपब्लिक पार्टी' को छोड़ कर प्रमुख विरोधी पार्टयों पीपुल्स मुजाहिद्दीन, फदाइन खल्क़ और तुदेह सहित सभी पार्टियों को 'गैर कानूनी' घोषित कर उनके नेताओं कार्यकर्त्ताओं को गिरफ्तार कर लिया गया। उम्मीद है कि उसके बाद का ईरान का इतिहास, उसकी इस्लामिक क्रान्ति का इतिहास हम तमाम लोग जानते ही होंगे।

यह भी इस इतिहास में उस क्रांति के बाद किसी किस्म के विरोध की कोई जगह नहीं बची, न किसी किस्म के लोकतंत्रवादियो के लिए न कम्युनिसट क्रांतिकारियों के लिए यह भी कि उसके बाद का

इतिहास ईरान में लोकतंत्र की पुनर्स्थापना के लिए लड़ रहे लाखों लोगों की शहादत का इतिहास है।

यह इतिहास सिर्फ ईरान का इतिहास नहीं है। आप चाहें तो ईराक की बाथिस्ट क्रान्ति को याद कर सकते हैं। यह भी कि उसमें कितने लोकतंत्रवादी और वामपंथी साथियों को जान गंवानी पड़ी। याद तो खैर इंडोनेशिया को भी किया जा सकता है। कहीं गलती से भी लगने लगे कि बात सिर्फ इस्लामिक देशों की हो रही है, तो बेहतर होगा इंडोचाइना (याद हो कि न हो, 60-70 के दशक तक उस पूरे इलाके को कहा यही जाता था) का इतिहास याद करना, और उससे भी ऊपर नाजीवाद और फासीवाद का उभार याद करना।

ये दोनों आंदोलन बहुमत के आंदोलन नही थे। इन दोनों आंदोलनों का इतिहास दुश्मन गढ़ने उसे नेस्तनाबूद करने और फिर नया दुश्मन गढ़ने का इतिहास है। यह भी कि अलग-अलग वक्त में इटली और जर्मनी की वाम से लेकर लोकतांत्रिक तक, तमाम राजनैतिक पार्टियों इन अल्पमत वाले दलों को समर्थन देती रही थी। तब भी बहाना यही था- जनता के साथ, जन संघर्षों के साथ खड़े होने का। तब भी झूठ यही था, जनता के प्रभु वर्ग के एक छोटे-से हिस्से को "जनता" बना देने का।

आप देखना चाहें तो बहुत साफ़ देख सकते हैं कि इन तमाम आंदोलनों में समाज का सबसे धनी हिस्सा हमेशा इनके साथ था। इनके प्रतिपक्ष होने के समय भी, इनके धीरे-धीरे जनता की आवाज हड़प "जनता" बनते जाने के दौर में भी और फिर इनके सत्ता पर कब्जा करने में सफल होते समय भी। आप ध्यान दीजिये, चाहे नाजी जर्मनी हो, फासीवादी इटली या इस्लामी ईरान, इन तीनों प्रतिक्रान्तियो के साथ

इन मुल्कों के पूंजीपति, कार्पोरेट और इनके मध्यवर्ग का सबसे धनी हिस्सा पूरी ताकत से खड़ा था। फिर शायद यह भी दिखेगा कि यह मध्यवर्ग 'राष्ट्र का मध्यवर्ग' नहीं था, बल्कि केवल और केवल राष्ट्र के बहुमत वाले धर्म का मध्यवर्ग 'राष्ट्र का मध्यवर्ग' नहीं था, बल्कि केवल और केवल राष्ट्र के बहुमत वाले धर्म का मध्यवर्ग था। यह सभी प्रतिक्रान्तियां इतिहास की तार्किकता का नकार थी। और अब सबसे जरूरी बात, कि ये सारे प्रतिक्रियावादी आंदोलन अपने-अपने मसीहा के साथ आए थे।

ये तब आये थे, जब जनता का एक बड़ा हिस्सा अलग-अलग वजहों से परेशान था और इन्होंने अपने मसीहाओं के सहारे यह यकीन दिला दिया था कि इनके वाले हिस्से की परेशानी 'सबसे बड़ी' और 'असली वाली' परेशानी है। इससे भी ऊपर, इन सारी प्रतिक्रान्तियों के मसीहा राजनीति से और लोकतंत्र से नफ़रत करते थे और इनका पहला हमला लोकतंत्र के सबसे जरूरी प्रतीकचिन्हों पर ही होता था।

दुखद पर सच है कि ऐसे हर हमले में हमारे कुछ साथी अपनी तमाम सदिच्छाओं और ईमानदारी के बावजूद इन मसीहाओं के समर्थन में नारे लगाते हुए, उन्हें वैधता देते हुए मिलते हैं, वे भूल जाते हैं कि विश्वास ओर स्वतः स्फूर्तता की राजनीति दक्षिणपंथ का विशेष गुण है, जिसके सहारे वह तमाम मतभेदों और प्रतिरोधों से निपटता रहा है, वह आंदोलन, क्रान्ति, जनता, नेतृत्व आदि बुनियादी शब्दों की समझदारी भूल उसी दक्षिणपंथी व्यवस्था के ध्वजवाहक होने की भूमिका में आ जाते हैं, जिसका वह कम से कम कथन के स्तर पर हमेशा विरोध करते रहे हैं।

वे भूल जाते हैं कि याद नहीं रहता कि चाहे गांधी हों या लेनिन,

मार्टिन लूथर किंग हो या नेल्सन मंडेला ये सभी प्रतिरोध की एक लब्मी परंपरा में सक्रिय भागीदारी निभा कर पाते हैं और यह भी कि इनमें से हर एक 'नेता' के साथ लोकतांत्रिक ढंग से उपजा हुआ नेतृत्व होता है। फिर चाहे गांधी के साथ नेहरू हों या उनके बरक्स भक्त सिंह, फिर चाहे लेनिन के साथ त्रॉत्सकी हों, या माओं के बरअक्स च्यांग काई शेक। ये सारे लोग संघर्षों की तपिश से पेदा हुए लोग है।

या फिर हमारे ही दौर की छाती पर गड़े इरोम शर्मिला नाम के दर्द को देखिए। इरोम किसी आंदोलन को पैदा करने वाली नेता नहीं हैं। वे मणिपुर में भारतीय राज्य के दमन के खिलाफ चल रहे जनसंघर्षो की पैदाइश हैं, उसकी तपिश में चमकता एक शांत, पर क्रांतिकारी नेतृत्व हैं। हद तो तब होती है जब 'क्रांतिकारी' इतिहास वाले बुद्धिजीवी अन्ना हजारे के नेतृत्व वाले भ्रष्टाचार विरोधी आंदोलनों की तुलना इरोम शर्मिला के आंदोलन से करते हुए इरोम शर्मिला के आंदोलन को भी सिविल सोसाइटी का आंदोलन बताने की हास्यास्पद कोशिश करते हैं।

इरोम शर्मिला का आंदोलन सिविल सोसाइटी का आंदोलन न है, न हो सकता है। यह उस आंदोलन का एक हिस्सा है, जिसमें मणिपुर की मांओं को असम राइफल्स के मुख्यालय के सामने निर्वस्त्र प्रदर्शन करना पड़ा था। यह उस आंदोलन का हिस्सा है, जिसने अपने गुस्से की परिणति में मणिपुर विधानसभा को जला कर ख़ाक कर दिया था। यह वह आंदोलन है, जिसकी कीमत संजीत, रूबीना ओर मनोरमा जैसे इसी देश के हज़ारों नागरिकों को अपनी जान गंवा के चुकानी पड़ी है। जरा बताएँ कि सिविल सोसाइटी यानी 'नागरिक समाज' की भारी भागीदारी वाले इस भ्रष्टाचार विरोधी आंदोलन को ऐसी कौन-सी कुर्बानियां देनी पड़ी हैं।

राज्यसत्ता का कौन-सा दमन झेलना पड़ा है। इरोम पर सांस भी न लेने वाली यही राज्यसत्ता है, जो अन्ना हजारे का अनशन शुरू होने के पहले ही बिछ-बिछ जाना शुरू कर देती है। देखना चाहें तो साफ-साफ दिखता है कि राज्यसत्ता के साथ अन्ना के नेतृत्व वाला 'भ्रष्टाचार विरोधी आंदोलन' खड़ा है, इससे असहमत लोग नहीं।

इरोम के आंदोलन के बरअक्स अन्ना के आंदोलन पर नजर डालिए, आपकों साफ़ नजर आएगा की यह आंदोलन 'जनता' से नहीं, "नेता" ने पैदा किया है। वरना क्या वजह हो सकती है कि अन्ना हजारे को छोड़ इस आंदोलन के बाकी सभी "नेता" इसी शहर में कुछ महीने पहले आयोजित बाबा रामदेव के नेतृत्व वाले स्वाभिमान मंच की रैली में एक साथ आये थे ओर फिर भी मीडिया ने उनका नोटिस लेने से लगभग इनकार कर दिया था?

क्या वजह है कि इसी मीडिया ने उनका नोटिस लेने से लगभग इनकार कर दिया था? क्या वजह है कि इसी मीडिया ने इसी शहर में तीन लाख मजदूरों की रैली की नकारात्मक रिपोर्टिंग के सिवा कुछ नहीं किया था? क्या कारण है कि अन्ना से लगायत इस आंदोलन के सामाजिक न्याय विरोधी इतिहास वाले श्री श्री रविंशकर और विश्व हिन्दू परिषद् की धर्म संसदों में जाने वाले बाबा रामदेव के इतिहास पर भ्रष्टाचार के विरूद्ध जेहाद की मुद्रा अपनाए दिख रहे मीडिया ने जबान खोलना भी गवारा नहीं समझा? आंदोलन के समर्थन में उन्माद की हद तक जाकर इससे असहमत लोगों को राज्य सत्ता का साथी बता रहे लोगों को इन तमाम मुद्दों पर अपनी राय साफ़ करनी चाहिए, करनी होगी।

मसला सिर्फ इस आंदोलन के हिंदू वादी, ब्राह्मणवादी चरित्र का नहीं है। इस आंदोलन के चारणों को यह भी बताना होगा कि उनकी

'जनता' की परिभाषा क्या है? इस आंदोलन को साइबर स्पेस में एक बड़ा भूचाल लाकर मध्यवर्गीय रणबांकुरों को इसके समर्थन में खड़ा करने वाले समूह 'इण्डिया अगेंस्ट करप्शन' का एक और सच है इसका खांटी ब्राह्मणवादी चरित्र, यह तथ्य जान कर भी इससे इनकार करने वाले इस आंदोलन के लोकतंत्रिक, मार्क्सवादी, बुद्धिजीवियों को भी एकजुट कर दिया।

मार्क्सवादी, लोकतंत्रवादी, बहुलतावादी या जाने क्या-क्या वादी समर्थक आरक्षण के सामाजिक न्याय के भी खिलाफ हैं? या फिर वह मानते हैं कि इस देश की 'आरक्षण विरोधी' आबादी ही देश की असली जनता हैं? और अगर वह यह मानते हैं तो उन्हें इस देश की आरक्षण समर्थक और विरोधी जनता की संख्या के आंकड़े भी ठीक-ठीक पता होंगे। यही वह जगह भी है, जहां से इस आंदोलन के सिविल सोसाइटी यानी 'नागरिक समाज' वाले नेतृत्व में दलित, पिछड़े और अन्य तमाम वंचित शोषित तबकों की अनुपस्थिति और उस अनुपस्थिति पर इसके 'प्रगतिशील बुद्धिजीवी' समर्थकों की चुप्पी बहुत कुछ साफ कर देती है। वह चुप्पी जो तब भी नहीं टूटी, जब इस आंदोलन के नेतृत्वकारी सिविल सोसाइटी की जातिवादी सोच अरविन्द केजरीवाल के उन बयान से साफ़-साफ़ बरस पड़ी कि अगर ड्राफ्टिंग कमेटी में कोई दलित सदस्य चाहिए तो सरकार अपने किसी मंत्री को 'दलित मंत्री' से बदल ले, वह अपने खेमे वालों में किसी दलित को शामिल नहीं करेगे। कथित साफ-सुथरे चेहरे वाले संतोष हेगड़े ने भी यही कहा।

यहीं से इस आंदोलन के एक और महत्त्वपूर्ण पहले को समझने का रास्ता भी खुलता है कि यह आंदोलन अपनी शुरूआती दौर में जनलोकपाल बिल के इनके ड्राफ्ट पर किसी समझौते को तैयार क्यों

नहीं था। बावजूद इस सवाल के कि ड्राफ्ट जनलोकपाल बिल कार्पोरेटों और एनजीओ को अपने दायरे से बाहर रख रहा था, उनकी जांच को तैयार नहीं था। क्या इस बात के तार इस तथ्य से कहीं से जुड़ते हैं कि यह पूरा आंदोलन कॉर्पोरेटों की फंडिंग से चल रहा था और क्या यही कारण है कि जनलोकपाल बिल कॉर्पोरेटों की जांच को तैयार नहीं है? अब फिर से एक पुरानी बात पर लौटिए कि इस आंदोलन के पहले इतना भारी कॉरपोरेट समर्थन केवल एक आंदोलन को मिला है– ओबीसी आरक्षण विरोधी आंदोलन को और उस आंदोलन के नेतृत्व वाले तमाम लोग इस आंदोलन के नेताओं ओर संगठनों की भूमिका में मौजूद हैं। सवाल उठता है कि इन सारे सवालों, तथ्यों को नजरअंदाज कर इस आंदोलन का समर्थन कर रहे प्रगतिशील बुद्धिजीवियों की मंशा क्या है, उनका एंजेंडा क्या है? यह भी कि उनकी प्रतिबद्धता किस तरफ है?

अंतर्विरोधी के इस समय में अगर इन बुद्धिजीवियों की प्रतिबद्धता जनता के प्रति होती तो शायद उन्हें साफ़ दिखता कि यह आंदोलन सिर्फ राजनीति और नौकरशाही को निशाना बना रहा है। आंदोलन वाले जाने या ना जाने, 'प्रगतिशील बुद्धिजीवी' तो जानते ही होंगे कि भले ही बहुत थोडी संख्या में सही, यही दो जगहें हैं जहां दलित/पिछड़ी शोषित आबादी आ पाई है। इन दोनों जगहों को निशाने पर लेते हुए भी कारपोरेटरों छोड़ देना फिर से कुछ तो इशारे करता है। यह सवर्ण/अभिजात्य वर्ग की फिर से हुंकार है, यह सामाजिक न्याय की लड़ाई में हारी गई जमीन को वापस पाने का मनुवादी युद्धघोष है। आप देख नहीं पा रहे या देखना नहीं चाहते? यह भी कि इस युद्ध में अंतिम विजय सुनिश्चित करने के लिए जनलोकपाल बिल लोकतंत्र के मूल आधार शक्ति विभाजन तक के खिलाफ जाकर सारी शक्ति जनलोकपाल के हाथ में

थमा देना चाहता है।

अन्ना से असहमतों को सत्ता पक्ष के साथ खड़ा बताते हुए ये बुद्धिजीवी क्या खुद से एक बार भी यह सवाल पूछते हैं कि जनलोकपाल बिल लोकपाल को विधायिका, कार्यपालिका और न्यायपलिका की शक्ति एक साथ देकर सारी जवाबदेही सारे उत्तरदायित्वों से मुक्त एक संस्था क्यों खड़ी करना चाहता है? लोकतंत्र की जरा सी समझ वाले को इससे डरना चाहिए, बशर्ते वह उत्पीड़क वर्ग के साथ न खड़े हो, बशर्ते उन्हें जनता के बहुमत के सिवा किसी से डर नहीं लगता हो और इसीलिए वह लोकतंत्रिक बहुमत से बच निकलने का रास्ता न खोज रहे हों।

ऐसे तमाम बुद्धिजीवियों की प्रतिबद्धता की कलई तब और भी ज्यादा खुलने लगती है जब हम देखते है कि ऐसे तमाम जोर आंदोलन के बचाव के लिए भावात्मक तर्क गढ़ने, साझीदारियां खड़ी करने और आंदोलन से असहमत लोगों की इतिहास दृष्टि पर सवाल उठाने पर ही रहता है। उसमें भी वह सुविधाजनक दुश्मन ढूंढने लगते हैं, जैसे कि इस आंदोलन की जनसंघर्षों में सारी उम्र लगा देने वाले आनंदस्वरूप वर्मा, के एन पणिक्क्र, पी साई नाथ, हिमांशु कुमार, शबनम हाशमी जैसे साथियों/कॉमरेडों की आलोचना को अनसुना कर प्रताप भानु जाते हैं वैसे वह तब भी यह भूल जाते हैं कि अभी कल तक प्रताप भानु मेहता 'सिविल सोसायटी' उर्फ नागरिक समाज के बड़े समर्थकों/सिद्धांतकारों में थे। वहां भी इनका ध्यान कुछ जुमले चुन कर उसके बहाने आंदोलन की वैचारिकी को लेकर उठ रहे असहज सवालों को करने में ही लगा रहता है।

यहां 'ब्लैकमेल' के सवाल को ही लें, यह मुद्दा हवाओं से नहीं,

वरना बाबा साहेब अंबेडकर के एक प्रसिद्ध कथन 'अराजकता के व्याकरण' से उठाया गया है। यह भाषण देते हुए बाबा साहब साफ़ समझ रहे थे कि सत्ता को, सरकार को ब्लैकमेल करने की ताकत केवल और केवल प्रभु वर्ग में सामंत वर्ग में है और इसीलिए इस हथियार का फायदा वही उठा पाएँगे। (फिर से देखें, केसीआर चंद्रशेखर राव के अनशन को सरकार 11 दिन में सुन लेती है, अन्ना को 4 दिन में और इरोम शर्मीला को ग्यारहवें साल में भी नहीं) और भी देंखें, सरकार जिन आंदोलनों से 'ब्लैकमेल' होती है। वह सदैव उच्च वर्ग/जातियों के ही होते हैं, उनमें कभी शोषित वंचित तबकों की भागीदारी नहीं होती। पर यह 'प्रगतिशील' बुद्धिजीवी आलोचना के इस पहलू का जवाब नहीं देते, इससे नहीं टकराते। वह सवाल को आस्था का सवाल बनाते हैं, सपनो का सवाल बनाते हैं और फिर उन सपनो से. असहमत लोगों को दुश्मन बना खारिज कर देने की कोशिश करते हैं।

दिक्कत यह है कि ऐसी कोशिशें उनके विचाराधारात्मक विचलन को साफ़ कर देती है। हीगेल, मार्क्स, मिल और ग्राम्शी आदि के हवाले से नागरिक समाज की शास्त्रीय परिभाषाओं का 'सिर्फ' जिक्र करते हुए अब वे 'विश्व बैंक' की परिभाषाओं की तंग गलियों से निकल भागते हैं, बिना यह बताए कि मार्क्स और हीगेल दोनों 'सिविल सोसायटी' को उस दौर के उत्पादन संबंधों में सत्ता के साथ खड़े वर्ग के बतौर चिन्हित करते हैं। तो संदेह होना स्वाभाविक है। यह संदेह तब और बढ़ता है जब वह इससे भी आगे जाकर ग्राम्शी द्वारा अंदर की सुरक्षा नहरें और किले बताये जाने का जिक्र भी नहीं करते हुए इसी सिविल सोसायटी को 'अंगीकार' करने की जरूरत पर बल देने लगते हैं। यह तो खैर कल्पना से भी परे है कि वह सिविल सोसाइटी के वर्तमान अर्थ को देने वाले

जॉर्ज कोनराड की बात करेंगे, जिनके पर्चे का नाम ही 'एंटीपोलिटिक्स' था।

खैर, बेहतर होगा कि वे जानें कि सारी दुनिया में सिविल सोसाइटी का चरित्र एक जैसा है, एक ही जैसे लोगों से मिल कर बना है। अभिजत्य, सेवा क्षेत्रों में काम करने वाला, अंग्रेजी मध्यवर्ग और उच्च मध्यवर्ग का हिस्सा है। दिलचस्प यह है कि यह राय रॉबर्ट पुटनैम जैसे सिविल सोसाइटी समर्थक सोशल कैपिटल के सिद्धांतकार की भी, और बूर्द्यो जैसे समाजवादी चिन्तक/विचारक की भी है। कुल जमा मतलब यह है कि सिविल सोसायटी का एक वैश्विक चरित्र है और ग्रांम्शी उसकी ठीक-ठाक पहचान करने में बिल्कुल सफल रहे हैं और जब 'प्रगतिशील बुद्धिजीवी' ऐसी सिविल सोसाइटी को अंगीकार करने की जरूरत पर बल देने लगे तो बहुत साफ़-साफ़ दिखने लगता है।

तर्कपद्धति बहुत कुछ उन आलोचनाओं जैसी है, जिसे 'वाम कवच' के अंदर रह कर उत्तर आधुनिक 'चिंतकों' ने राज्य सत्ता के 'प्रभुत्व' और शक्तियों की आलोचना की आड़ मे 'आधुनिकता' और 'वैज्ञानिक तार्किकता' तक को खारिज करने के लिए इस्तेमाल किया था। अपनी किताब प्रोफेट्स लुकिंग बैकवार्ड ने मीरा नन्दा ऐसे बुद्धिजीवियों की ठीक-ठाक पहचान करने में सफल रही थीं, जब उन्होंने लोकतंत्र, आधुनिकता और वैज्ञानिकता का वाम खेमे का-सा दिखने वाले विरोध का धार्मिक कट्टरपंथों के प्रसार से रिश्ता दिखाया था।

अन्ना हजारे के मंच पर विहीप के साधुओं को देखिए। भारतमाता की 'संघी' तस्वीर और नक्शा देखिए, मंच पर आरक्षण विरोधी धर्मगुरूओं और मंच पर "यूथ फॉर इक्वालिटी"को "एंटी रिजर्वेशन डॉट

कॉम" से "इण्डिया अगेंस्ट करपशन" में बदलते हुए देखिए, यह तर्क आपको और बेहतर समझ प्रगतिशील/लोकतांत्रिक खेमे के अलंबरदार रहे क्यों खडे हैं।

दुनिया का सारा इतिहास स्वतंत्रता की चेतना के बढ़ते जाने का इतिहास है। कहते हुए हीगेल ने भी शायद ही कभी सोचा होगा कि बीसवीं सदी के कुछ वक्त का इतिहास पीछे भी जाएगा। इतना पीछे कि माइकल फूकों जैसे कुछ दार्शनिक 'राज्यसत्ता के राक्षस' को ठीक-ठीक समझते हुए भी 'ईरानी क्रान्ति' को आदर्श और 'सबसे बेहतर बताएंगे'। यह सब कुछ जानते समझते हुए भी हम किसी को इतिहास से सबक लेने पर मजबूर नहीं कर सकते। उनको तो खास तौर पर नहीं, जो अपनी वैयक्तिक/सामाजिक असफलताओं की ग्रंथि से पैदा हुई आत्मग्लानि को 'क्षणिक क्रांतियों' में भागीदारी से धोना चाहते हैं।

आखिर में बस यह है उधार की जनता के दम पर इंकलाब नहीं होते, न उधार के तर्कों पर बहसें जीती जाती हैं। और जो यह कोशिश करते हैं, वे बाकी सद्र की गति को प्राप्त होते हैं।

38

नेताजी.... गिरती टीआरपी का चक्कर तो समझो

संत अन्ना, महात्मा अन्ना, अन्ना इज इंडिया और मदर इंडिया की जगह अन्ना इंडिया... पिछले कुछ महीनों से हर छोटा-बड़ा अन्ना को अजूबे की तरह देख रहा था। जो पक्ष में था, वह अन्ना की तरफ आशाभरी नजरों से देख रहा था और जो पक्ष में नहीं भी था। वह भी उसकी इस बात से तो सहमत है कि करप्शन से छुटकारा मिलना चाहिए। जन लोकपाल बिल के बारे में नहीं पता, कोई बात नही। करप्शन के तो खिलाफ हो? दुनिया का सबसे करप्ट आदमी भी कैसे कहे कि करप्शन अच्छी चीज है? करप्शन के खिलाफ हैं तो बन गए अन्ना के मुरीद। अन्ना की हर अदा पर लोग कुरबान है। अन्ना ने नारा लगाया, अन्ना दौड़ पड़े, अन्ना बापू की समाधि पर ध्यान लगाकर बैठ गए, अन्ना खिलखिला रहे थे, अन्ना रो रहे थे। और तो और तिहाड़ में अन्ना का तकिया--बिस्तर भी अनमोल हो गए थे। लब्बबोलुआब यह है कि अन्ना की टीआरपी ने सबको पीछे छोड़ दिया। दबंग, इडियट या कैट सब पानी भरते नजर आते थे।

एक तरफ अन्ना की साफगोई और सादगी पर सब मर-मिटे लेकिन दूसरी तरफ गिरावट की इंतहा देखिए। पिछले 64 सालों में हमारे राजनीतिज्ञों की जिनती मिट्टी पलीद अब हुई है, कभी इससे पहले नहीं हुई। सच तो यह है कि अन्ना की सफलता का सबसे बड़ा कारण ही यह है कि लोग अब राजनीतिज्ञों को हिकारत की नजर से देख रहे है। पिछले कुछ समय से देश में जितने घोटाले हुए हैं, उन्होंने राजनीतिज्ञों की साख को सबसे नीचे पहुंचा दिया है। अरबों-करोड़ों के घोटाले बर्दाश्त कर चुके देश के लोग अब ऐसे नेताओं से मुक्ति मांगने लगे हैं। अन्ना के पीछे दीवानगी का यह आलम उसी मुक्ति की चाह का एक सबूत है। यही वजह है कि जन लोकपाल बिल से भले ही कुछ लोगों को ज्यादा उम्मीदें नहीं हो, लोग यह भी मानते हों कि सिर्फ एक कानून से ही हिंदोस्तां सारे जहां से अच्छा नहीं हो जाएगा। राजनीतिज्ञ जिस तरह देश को पलीता लगा रहे हैं, उससे उनकी साख की अपूरणीय क्षति हो गई है। अन्ना के अनशन ने उनकी साख को पाताल तक पहुंचा दिया है।

इसका कारण भी है। करोड़ों-अरबों के घोटाले तो वे हैं जो कागजों में आरोपों के रूप में मौजूद हैं या अदालतों की फाइलों में दबे पड़े हैं। इसके अलावा भी जनता आंखें मूंदकर नहीं बैठी। एक नेताजी टूटी साइकिल लेकर चलते थे। साइकिल में फंसकर पाजामा कालिख से पुत जाता था और तार-तार हो जाता था। किसी तरह जुगाड़ करके टिकट हासिल किया और चुनाव जीत गए। बस हो गए वारे-न्यारे। अब हर बेटे का अलग बिजनेस, अलग गाड़ी, अलग फ्लैट..... बढ़िया ही बढ़िया है। आखिर एक चुनाव जीतते ही निगम पार्षद के हाथ भी अलादीन का चिराग लग जाता है तो विधायक, सांसद के कहने ही क्या! वहां तो चिरागों की भी लाइन लग जाती है। माना कि सब बेईमान नहीं हैं। कुछ

ईमानदारी की शमा रोशन कर चल रहे हैं लेकिन सारे गंदे तालाब में एकाध साफ मछली तो नगण्य ही हो जाती है। अन्ना के अनशन में निशाना सिर्फ कांग्रेसियों की तरफ है लेकिन असल में टीआरपी तो सभी नेताओं की नीचे गिरी। बेईमानी का कलंक तो सभी को ढोना पड़ रहा है और आगे भी ढोना पड़ेगा।

इन हालात में अब कोई भी शासनाध्यक्ष माला जपते हुए कानून को अपना काम करने के लिए नहीं छोड़ सकता। रातों रात व्यवस्थाएँ नहीं बदला करतीं और सिर्फ कानून के बल पर समाज नहीं सुधर जाते। ऐसा होता तो दहेज की प्रथा कब से खत्म हो चुकी होती लेकिन अन्ना को जिस तरह लोगों ने सिर-आंखों पर बिठाया है, वह राजनीतिज्ञों के लिए एक बड़ी चुनौती है। 'सब चलता है' की जगह 'बस, अब और नहीं' की चेतावनी को समझना होगा। अन्ना पर छींटाकशी करके अपने दामन साफ नहीं हो जाते हैं। अपनी टीआरपी सुधारने के लिए चुनाव सुधार कानून बनाने और लागू करने की भी घड़ी आ पहुंची है। लोगों को अब भाषण नहीं, सुशासन चाहिए।

39

बिहार में लोकपाल

भ्रष्टाचार के खिलाफ राष्ट्रव्यापी आंदोलनों के बीच बिहा‹ के मुख्यमंत्री नीतिश कुमार ने प्रदेश में मजबूत लोकपाल बिल लाने की घोषणा की। बिहार भ्रष्टाचार के खिलाफ पहले भी कई उदाहरण पेश कर चुका है। इस बार भी खास बात यह है कि प्रदेश में सिविल सोसाइटी या विपक्ष ने ऐसी कोई मांग नहीं की थी। इसके बावजूद मुख्यमंत्री ने विधानसभा के अगले सत्र में मजबूत लोकपाल संशोधन विधेयक लाने की घोषणा कर दी। इसमें मुख्यमंत्री को भी शामिल किया जायेगा। आमलोगों की नाराजगी इस बात पर अधिक होती है कि घोटालों की बात सामने आने के बाद मामला दर्ज करने से लेकर जांच करने, कोर्ट में पक्ष रखने, सुनवाई को जल्द पूरा करने और दोषियों की सजा दिलाने की प्रक्रिया की इतना लंबा खींच दिया जाता है कि कई सुनवाई पूरी होने से पहले ही इस दुनिया से ही जा चुके होते हैं।

चारा घोटाले में भी ऐसा ही देखने को मिलता है। इससे भ्रष्टाचार में शामिल लोगों का मनोबल बढ़ता है व पीड़ित लोगों में निराशा फैलती है। लंबी प्रक्रिया जब तक रहेगी तब तक भ्रष्टाचार का खात्मा संभव नहीं है। अब तक बिहार सरकार ने किसी मसौदे को पेश नहीं किया

है, लेकिन माना जा रहा है कि इस संशोधित विधेयक में कानूनी प्रक्रिया को तीव्र करने के उपायों को सम्मिलित किया जायेगा। कानूनी प्रक्रिया के अलावा भ्रष्टाचार की जड़ पर प्रहार करने के लिए पूरी सरकारी मशीनरी में पारदर्शिता बेहद जरूरी है। योजना बनाने से लेकर इसे लागू करने तक पारदर्शिता होनी चाहिए। राज्य सरकार ने ऊपर के स्तर पर काफी हद तक पारदर्शिता होनी चाहिए। राज्य सरकार ने ऊपर के स्तर पर काफी हद तक पारदर्शिता लाने की दिशा में मजबूत कदम उठाये हैं, जिनमें मंत्रियों सहित सारे कर्मियों के संपत्ति घोषित करने व राइट टू सर्विस एक्ट शामिल हैं। नीचे के स्तर पर भ्रष्टाचार पर कारगर तरीके से अंकुश लगाने के लिए बहुत कुछ करना बाकी है। स्कूलों में बच्चों की पोशाक, साइकिल या अन्य योजनाओं में कहीं भ्रष्टाचार की बात सुनाई नहीं पड़ती, पर इंदिरा आवास में मुखिया जी के खिलाफ जगह-जगह घूस लिये जाने की बात सामने आती रहती है। लोकपाल की स्वायत्तता किसी भी सूरत में प्रभावित न हो व भ्रष्टाचार की जड़ों पर प्रहार किया जा सके।

40

आंदोलन का अन्ना नजरिया

अन्ना द्वारा रामलीला मैदान में भ्रष्टाचार के खिलाफ आंदोलन के दौरान दिल्ली में एसएमएस के जरिये एक मजाक चर्चा में रहा है। इसका सार यह है कि अन्ना के आंदोलन के बाद लोकपाल बनना लगभग तय है। अब सवाल यह है कि जो भी लोकपाल बनेगा वह भ्रष्टाचार के खिलाफ सबसे शक्तिशाली अधिकारी होगा। ऐसे महत्वपूर्ण पद पर चुनने के लिए न्यूनतम बोली 40 हजार करोड़ रूपये है। यानी जो व्यक्ति 40 हजार करोड़ रूपये या इससे अधिक का कालाधन घूस में देने की क्षमता रखता है, वही इस पद का असली हकदार है।

इसमें कोई शक नहीं कि यह मजाक भारत के जनतंत्र पर एक क्रूरतम टिप्पणी है। इसमें एक तरह का सनकीपन छिपा है। लोग बरबस यह मान बैठे हैं कि कोई भी उपाय कर लीजिए, भ्रष्टाचार से निजात मिलना मुमकिन नहीं है। अन्ना के आंदोलन में जनभावना का उबाल इसका गवाह है। इस पूरे आंदोलन की न तो राजनीतिक, न ही सैद्धांतिक दिशा है। बावजूद इसके यह संगठित है और अहिंसक भी। हाल ही में आपने लंदन की तस्वीरें देखी होगी, जिसमें कुछ युवाओं को दुकाने लूटते दिखाया गया था, ब्रिटेन की सक्षम कहीं जाने वाली पुलिस मूक

दर्शक बन सब देखती रही। लुटेरे ज्यादातर लड़कियों की दुकानों से सामान लूट रहे थे और दुकाने में आग लगा रहे थे। दंगों को रोकने में लगभग चार दिन लग थे। दंगों की वजह थी सामाजिक व आर्थिक खाई का बढ़ना। यानी प्रजातंत्र और पूंजीवाद के जनक इस देश में अमीरों और गरीबों के बीच बढ़ती खाई दंगों की शक्ल में सामने आयी। गरीबोंह ने अमीरों के डिपार्टमेंटल स्टोर्स को लूटा। ब्रांडेड वस्तुओं को उठा कर ले गये। शायद सामाजिक और आर्थिक खाई को पाटने का यह रास्ता उन्हें सबसे आसान लगा।

लेकिन ब्रिटेन की शासकीय और राजनीतिक प्रणाली पर चलने वाली भारत में अन्ना का आंदोलन एकदम उलट दिशा में था। अमीर और गरीब की खाई भारत में ब्रिटेन से कई गुना ज्यादा है। अगर महज जनसंख्या के आंकड़े के हिसाब से देखें, तो भारत में गरीबों की जनसंख्या के आंकड़ें जैसी सकारात्मक सोच से भारत में अमीर अभी बहुत दूर है। खासतौर से चैरिटी (दान) के पहलू पर। लेकिन फिर भी दिल्ली के इंडिया गेट से कनॉट प्लेस व रामलीला मैदान में जा रहे लाखों अन्ना समर्थकों में अराजकता का कोई चिन्ह नहीं दिखा। कनॉट प्लेस से लेकर रास्तें में कई पांच सितारा होटलों के व्यवसाय में कोई व्यवधान नहीं पड़ा। रामलीला मैदान और इंडिया गेट का महौल एक मेले में तब्दील हो चुका है। यह कुछ इस तरह का समां बांध रहा है कि किसी भी शख्स ने इस महायज्ञ से खुद को अछूता नहीं रखा। टोलियां बनाकर पहुंच रहे युवाओं ने तरह-तरह के नारे ईजाद किये। कई ने नुक्कड़ नाटकों में हिस्सा लिया। लेकिन सबका संदेश एक था जनता का एक प्रमुख तबका देश की शासन-व्यवस्था से नाराज है, वह देश के शासकों को आईना दिखाना चाहते हैं।

दिलचस्प यह है कि अन्ना के आंदोलन ने यह सब भारतीय मानस

को पहचानने के बाद किया। एक क्षण के लिए भी अन्ना ने अपनी गवईपने की पहचान को नहीं छोड़ा। आम बोलचाल की भाषा में ही अपनी बात कही। वे बुद्धिजीवियों के चक्कर में नहीं पड़े। क्या यह दिलचस्प नहीं है कि दिल्ली में शाइनिंग इंडिया के आइकॉन अन्ना बन गये। जाहिर है अन्ना के आंदोलन को किताब में परिभाषित आंदोलनों के दायरे में नहीं समझा जा सकता है। इसके मूल में है जनता का राजनीतिक वर्ग पर बढ़ता अविश्वास। क्या यह सच नहीं है कि देश के सबसे महत्वपूर्ण राजनीतिक ओहदे पर बैठे लोग वहां अपनी क्षमता के बल पर नहीं हैं। यह लोग कुछ शक्तिशाली लोगों की कृपा के चलते वहां मौजूद हैं।

लोगों ने हाल ही मे इसकी बानगी देखी। कांग्रेस से अलग होने के बाद जगन मोहन की अर्जित संपत्ति गैर कानूनी हो गयी। उस पर सीबीआई की जांच बैठा दी गयी। कर्नाटक के भूतपूर्व मुख्यमंत्री येदिपुरप्पा अभी जेक में हैं। झारखंड में मुख्यमंत्री को चुनना किस तरह कॉरपोरेट लॉबिंग का हिस्सा है, यह हर आदमी जानता है, मायावती के शासन में व्याप्त भ्रष्टाचार और मुलायम सिंह का परिवार मोह और अपराधियों से लगाव जगजाहिर है। परिवारवाद, आपराधिक संरक्षण और कॉरपोरेट प्रेम की नेताओं की फेहरिस्त काफी बड़ी है।

मौजूदा राजनीतिक माहौल में बिहार के मुख्यमंत्री नीतिश कुमार एक अपवाद लगते हैं, यही वजह है कि नीतिश कुमार अन्ना के साथ खड़े हैं, वहीं लालू प्रसाद और रामविलास पासवान अन्ना के खिलाफ। इन नेताओं के परिवार मोह ने राजनीतिक विरासत को संपत्ति की तरह बांट लिया है। सत्रहवीं सदी में फ्रांस का राजा नयी-नयी पदवियां बनाकर नीलाम करता था। मंत्रीपद से लेकर चपरासी के पद की भी खुलेआम नीलामी होती थी। नीलामी के बाद खरीदे गये पदों को ये लोग अपने वासियों को हस्तांतरित कर देते थे। इसी की परिणति के तौर पर

आयी फ्रांस की क्रांति। इस क्रांति में जनता ने सम्राट को निकाल बाहर किया।

भारत में आज जनता का शासक वर्ग में बहुत भरोसा नहीं है। अन्ना का आंदोलन इस सच को सामने लाता है। आंदोलन की शक्ल मध्यमवर्गीय है। अन्ना की भाषा में आक्रोश है, पर किसी के प्रति घृणा नहीं। आंदोलन निश्चित तौर पर राजनीतिक है पर किसी राजनीतिक दल के विरोध में नहीं। भारत की आत्मा को समझने वाले गवईं अन्ना को यह पता है कि भारत का जनमानस अतिवादी नहीं है। यह आंदोलन अभी सिर्फ भारत में राजनीतिक वर्ग को सुधरने का मौका दे रहा है। यहां समझौते की काफी गुंजाइश है। अन्यथा इसका अतिवादी रूप कुछ हद तक माओवादी अवधारणा के अनुरूप होता।

41

'मैं अन्ना हूं' : एक छिपी क्रांति

भारत से भ्रष्टाचार के खात्मे के लिए चल रहे आंदोलन में 'मैं अन्ना हूं' के नारे के साथ गांधीवादी समाजसेवी अन्ना हजारे के पीछे उमड़े जनसैलाब में पंथ या वाद के रंग और विदेशी साजिश के सूत्र तलाश रहे, या फिर इसे सिर्फ मध्यवर्ग की तमाशाई भीड़ बता रहे बुद्धिजीवियों को एक बार रामलीला मैदाना जाना चाहिए। हवा में लहराते तिरंगों के साथ हजारों महिलाओं-पुरूषों, अमीरों-गरीबों, बच्चों-युवाओं और बुजुर्गों के एकसार होकर 'अन्ना' में बदल जाने और 'बंदे मातरम्' तथा 'भारत माता की जय' के नारे लगाने से जिस ऊर्जा का संचार हो रहा था, उसे वहां पहुंचकर ही महसूस किया जा सकता था। वहां जाकर ही आप देख पाते कि अन्ना के पीछे उमड़ी यह जनता न तो किसी मंदिर-कमंडल का झगड़ा सुलझाने जा रही थी बल्कि। वह तो भ्रष्टाचार और इससे ताकत पाती मंहगाई के कारण दूभर होती और अपनी और अपने बच्चों की जिंदगी में सुकून के कुछ पल लाना चाहती थी। साथ ही अपनी उस पहचान से भी पीछा छुड़ाना चाहती है, कि भ्रष्टाचार के अंतरराष्ट्रीय पैमाने पर हर साल रसातल में समाते देश की जनता है, या फिर उस पहचान के पार जाना चाहती है, जिसमें आजादी के 64 वर्षों

बाद भी वह पिछड़ी हुई है। यहां डॉ. राममनोहर लोहिया की वह प्रसिद्ध युक्ति साकार होती दिख रही है कि 'जिंदा कौमें पांच वर्षों तक इंतजार नहीं किया करती।'

अन्ना के आह्वान पर उमड़े इस जन सैलाब को झुठलाने की कोशिश में जुटा शासक वर्ग और उसके समर्थक बुद्धिजीवी यह सवाल बार-बार दोहरा रहे हैं कि क्या एक जनलोकपाल बिल से ही भ्रष्टाचार खत्म हो जायेगा? इस सवाल का जवाब वे सिर्फ एक शब्द 'हां' या 'ना' में सुनना चाहते हैं। वे अन्ना के इस जवाब की अनसुनी करना चाहते हैं कि भ्रष्टाचार 65 से 70 फीसदी तक खत्म हो जायेगा और बाकी के लिए हम बाद में चुनाव सुधार की मांग या अन्य तरीका से लड़ेंगे। वे यह भी नहीं सुनना चाहते कि बदलाव की शुरूआत किसी पहले कदम से ही होगी। उनका यह सवाल कुछ वैसा ही है, जैसे कभी मंदिर-मसजिद के झगड़े में पूछा जाता था कि आप मंदिर के साथ हैं या मसजिद के? या फिर मंडल आंदोलन के दौर में पूछा जाता था कि आप आरक्षण के पक्ष में हैं या विरोध में? इसका जवाब सिर्फ एक शब्द में मांगा जाता था, क्योंकि सवाल पूछने वालों के पास तर्क-वितर्क करने या सुनने का साहस नहीं था।

शासक वर्ग की ओर से यह दावा भी किया जा रहा था। कि जनतंत्र जनता के कहे अनुसार नहीं, बल्कि उसके चुने हुए प्रतिनिधियों की मर्जी से चलता है। ऐसे बयानों से समझा जा सकता है कि लोकशाही में यदि लंबे समय तक कोई बुनियादी बदलाव नहीं आता है तो यह किसी तरह चुपचाप की शक्ल अख्तियार करने लगता है। सत्ता के शीर्ष पर बैठे लोग खुद को राजा और जनता को प्रजा समझने लगते हैं। तभी तो अपने घपलों-घोटालों, भ्रष्टाचार और अपराध से संसद को 'मजबूत' कर रहे लोग खुलेआम कह रहे हैं कि जनता की आवाज बुलंद करने से संसद की मर्यादा भंग हो रही है।

दरअसल पौने दो लाख करोड़ रूपये का बेपरदा हुआ टू जी घोटाला और न जाने कितने परदानर्शी घोटाले के दम पर भारत में आयी तकनीकी क्रांति से रचे नये आभासी संसार को देखकर यह कल्पना की जा सकती है। कभी राष्ट्रपिता महात्मा गांधी या लोकनायक जयप्रकाश नारायण के आह्वान पर व्यवस्था में बदलाव का जज्बा लेकर सड़कों पर उतरने वाले लोग अब कभी सड़कों पर इस तरह उतर भी सकते हैं। विकसित देशों में हुए शोध बता रहे थे कि इंटरनेट और मोबाइल ने आज लोगों को पहले से कहीं ज्यादा अकेला और अपनी ही दुनिया में सीमित कर दिया है। तकनीकी क्रांति के बाद की नयी पीढ़ी का वास्ता समाज से कटता जा रहा है। ऐसे समय में एक 74 साल के बुजुर्ग गांधीवादी अन्ना के आह्वान पर दीन-दुनिया से बेखबर लोगों का अचानक खबरदार हो जाना बहुत से लोगों को हैरान कर रहा है। उन्हें यह देखकर आश्चर्य हो रहा है कि आभासी दुनिया में खोए लोग एक नयी क्रांति के लिए जागरूक हो रहे हैं। इस जागरूकता का संचार उन लोगों तक भी हो रहा था, जिनके सपनों का संसार महंगाई की आंधी में उजड़ रहा था या जो लोग अपनी जमीन से उजाड़े जा रहे थे।

दुनिया के कई देशों में ऐसी जागरूकता की परिणति सामने आ चुकी है। हां, हमारे यहां यह देखना अभी बाकी है कि भ्रष्टाचार के विरोध के नाम पर 'मैं अन्ना हूं' के नारे के साथ शुरू हुई यह क्रांति लोगों के जीवन में किसी बुनियादी बदलाव की नींव रख पायेगी, या सत्ता के मद में डूबे लोग इसे विफल क्रांतियों के इतिहास का एक और अध्याय बनाने में कामयाब हो जायेंगे।

42

देर से क्यों हुई पहल?

जब पूरे देश की जनता आठ दिनों से सड़कों पर उतरी हो, तब देश की सरकार से इसके अलावा और क्या अपेक्षा की जा सकती है कि वह साहस और विश्वास के साथ सामने आये और देश को राजनीतिक नेतृत्व दे। जनता के असंतोष को समझे और उसे दूर करने का यकीन दिलाये। लेकिन जिस तरह अन्ना अनशन पर थे और अन्न ग्रहण नहीं कर रहे थे, उसी तरह सरकार भी इस सामान्य और अनिवार्य राजनीतिक पहल से दूरी बनाये हुए थी। खुद प्रधानमंत्री इस पूरे मसले पर कोई स्पष्ट राजनीतिक बयाने देने की बजाय परदे के पीछे की बातचीत पर ज्यादा यकीन करते दिख रहे थे। ऐसा लग रहा था कि अन्ना के अनशन की लहर के सामने सरकार एक खास किस्म की जड़ता में चली गयी है।

आखिरकार अनशन के आठवें दिन गतिरोध को दूर करने के लिए राजनीतिक पहल की शुरूआत हुई। प्रधानमंत्री ने व्यक्तिगत तौर पर अन्ना को अनशन तोड़ने की अपील करते हुए चिटठी लिखी और सरकार के सबसे भरोसेमंद संकटमोचक प्रणब मुखर्जी को टीम अन्ना

से बातचीत के लिए नियुक्त किया। इससे गतिरोध का जल्द ही कोई हल निकल आने की उम्मीद जरूर पैदा हुई।

सवाल यह है कि इस तरह के स्पष्ट निर्णय की जगह सरकार अब तक परदे के पीछे की बातचीत का ही सहारा क्यों ले रही थी? यह समझना जरूरी है कि अन्ना का आंदोलन अगर लोकतंत्र की खामियों के कारण लोगों को खुद से जोड़ रहा है, तो एक जींवत लोकतंत्र के कारण ही संभव भी हो रहा है। कोई भी सरकार ऐसे आंदोलन पर गर्व कर सकती है, बशर्ते, उसमें विरोध सहने की नैतिक शक्ति हो। जनता की मांगों के सामने जिस तरह सरकार खुद को आश्वस्त महसूस नहीं कर रही है, उसमें ही वर्तमान संकट के सूत्र को तलाशा जा सकता है। 15 अगस्त को लाल किले से प्रधानमंत्री का भाषण हो, या अनशन के शुरू होने से पहले ही अन्ना को गिरफ्तार करने का फैसला, सभी जगह सरकार आश्वस्ति के इस भाव के महरूप दिखी। इसी अविश्वास की वजह से शायद प्रधानमंत्री पूरे मसले पर लगभग चुप्पी साधे रहे। इस चुप्पी ने पार्टी पर सरकार की निर्भरता को ही जाहिर किया। सोनिया गांधी की गैर-हाजिरी में कांग्रेस भी दिशाहीन नजर आयी। यह संकेत कि सरकार के फैसले साउथ ब्लॉक की जगह किसी दूसरे जगह से लिये जाते हैं, भारतीय लोकतंत्र के लिए सही नहीं कहा जा सकता। सवाल यह भी है कि क्या समानांतर और अदृश्य सत्ता केन्द्रों के कारण ही भारतीय लोकतंत्र संकटग्रस्त तो नहीं हो रहा है?

43
बच्चों को आशीर्वाद दिलाने पहुंचे पैरंट्स

रामलीला मैदान पर अन्ना का आंदोलन कई परिवारों को भी आकर्षित कर रहा था। वे खुद तो अन्ना के आंदोलन को देखने आए थे, साथ ही अपने बच्चों को भी इस ऐतिहासिक घड़ी में भागीदार बनाना चाहते है। कुछ परिवार तो अपने छोटे बच्चों को अन्ना का आशीर्वाद ही दिलाने पहुंचे हुए थे।

सुबह होते ही रामलीला मैदान पर युवाओं, स्कूली बच्चों और आम लोगों के साथ परिवारों का भी आना जारी हो जाता था। उत्तम नगर से सिख फैमिली इस आंदोलन का दीदार करने पहुंची थे। साथ में दो बेटे थे। सबके हाथों में तिरंगा था। गीत शुरू होते ही वे उसे लहराने लगते थे। परिवार के मुखिया राजेंद्र सिंह का कहना था कि उन्होंने अपने जीवन में ऐसा आंदोलन और भीड़ नहीं देखी। लगा कि आंदोलन और भीड़ नहीं देखी। लगा कि यह ऐतिहासिक क्षण है, जिसमें बच्चों को भी शामिल कर लिया जाए।

सुबह-सुबह पीतमपुरा से अंकुर अपनी पत्नी और दो साल की बिटिया को लेकर पहुंचे थे। उनका कहना था कि वह अपनी बिटिया को अन्ना का आशीर्वाद दिलाने लाए हैं। उनका यह भी कहना था कि

जब बिटिया बड़ी हो जाएगी तो उसे बतांएगे कि दिल्ली में हुए एक बड़े आंदोलन में वह भी शरीक हुई थी।

शाहदरा से विकास अपनी 10 साल की बिटिया को लेकर पहुंचे थे। बिटिया विकलांग है। लेकिन उत्साह है। विकास का कहना था कि टीवी पर आजकल भारी भीड़ को देखकर उनकी बिटिया उसे दिखाने को कह रही थी इसलिए रामलीला मैदान में भीड़ को दिखाने ले आया।

पास ही दरिया गंज से एक युवक अपने चार साल के बच्चे को कंधे पर बिठाए आया हुआ था। उनका कहना था कि आज छुट्टी थी तो सोचा बच्चे के साथ अन्ना को देखा जाए। बच्चे के सिर पर अन्ना टोपी लगी था और वह सभी के आकर्षण का केंद्र बना हुआ था। मैदान में एक जापानी कपल भी आया हुआ था पूछने पर वे अपना परिचय देने में थोड़ा झिझकते थे लेकिन लोगों के साथ फोटों खूब खिंचवा रहे थे। मैदान में कई बुजुर्ग तो गांधी बनकर आया हुआ था। गीतों पर जब वह नाचता था तो बच्चे और युवा भी उसके साथ नाचने के लिए कूदने लगते थे।

एक बुजुर्ग ने अपनी चोटी पर कुछ लगाकर उसे खड़ा कर रखा था। उस पर उसने दो तिरंगे बांध रखे थे। लोग उसकी फोटो खींच रहे थे। लोग उसकी फोटो खींच रहे था और साथ में खिंचवा भी रहे थे। बुजुर्ग महिलाएं भी मैदान में आई हुई थीं, लेकिन वे आराम से बैठकर पूरे नजारे को देख रही थी।

44

अन्ना का प्रभाव तिहाई पेंशन भी गंवाएंगे भ्रष्ट

नौकरी के दौरान भ्रष्टाचार में लिप्त रहने के बाद नौकरशाह अब चैन से रिटायरमेंट का मजा नहीं उठा पाएंगे। उन्हें एक तिहाई पेंशन से हाथ धोना पड़ सकता है। भ्रष्टाचार की रोकथाम के लिए बने मंत्रियों के समूह की सिफारिशों को स्वीकार करते हुए कार्मिक मंत्रालय ने इस बाबत नए दिशा-निर्देश जारी किए हैं।

इस नियमों के अनुसार भ्रष्टाचार के मामलों में अब कार्मिकों को जबरन रिटायरमेंट के साथ-साथ एक तिहाई पेंशन भी गंवानी पड़ेगी। नई व्यवस्था तत्काल प्रभाव से लागू कर दी गई है। कार्मिक मंत्रालय के सूत्रों के अनुसार नौकरशाहों के लिए लागू सीसीएस पेंशन रूल 1972 के प्रावधानों के तहत अभी तक भ्रष्टाचार के मामलों की जांच के दौरान दोषी पाए जाने पर 55 साल की आयु पार कर चुके अधिकारियों को जबरन रिटायरमेंट दे दी जाती है। लेकिन पूरे फायदे के साथ।

पूर्व नौकरशाह पी.सी. होता की अध्यक्षता में बनी कमेटी ने अपनी सिफारिशों में इस प्रावधान पर आपत्ति प्रकट की थी। उनका कहना था कि दोषी अधिकारी की पेंशन का पूरा लाभ देना दंडित करना नहीं है।

होता समिति की रिपोर्ट को मंत्रियों के समूह की बैठक में रखा गया था। इसमें निर्णय लिया गया कि सीसीएस पेंशन रूल के प्रावधान 9 को बदला जाए।

यानी जबरन सेवानिवृत्ति के मामलों में पेंशन में 33 फीसदी की कटौती भी जोड़ी जाए। कार्मिक मंत्रालय के अनुसार नए प्रावधान में दो विकल्प हैं। यदि रिटायर हो रहे अधिकारी के खिलाफ मामूली दंड का मामला बनता है तो पेंशन में 20 फीसदी की कटौती होगी। यदि बड़ा दंड बनता है तो जबरन सेवानिवृत्त के साथ पेंशन में 33 फीसदी की कटौती की जाएगी।

45

अन्ना और श्री श्री पर फिर दिग्विजय का हमला

कांग्रेस महासचिव दिग्विजय सिंह ने फिर सामाजिक कार्यकर्ता अन्ना हजारे और श्री श्री रविशंकर पर निशाना साधा है। दिग्विजय का कहना है कि अब वक्त आ गया है कि अन्ना हजारे परदे के पीछे काम कर रहे लोगों को सामने लाएं। वहीं, श्री श्री रविशंकर को उन्होंने एक बार फिर राष्ट्रीय स्वयंसेवक संघ और भाजपा से बचने की नसीहत दी है। दिग्विजय ने भाजपा अध्यक्ष नितिन गडकरी के पुस्तक विमोचन के मौके पर आध्यात्मिक गुरू श्री रविशंकर की मौजूदगी पर ट्वीट किया है। उन्होंने लिखा है, 'श्री श्री ने नितिन गडकारी की किताब का विमोचन किया, आडवानी जी और आरएसएस के सुरेश सोनी मंच पर मौजूद थे। श्री श्री की जय हो।' इससे पहले, दिग्विजय ने श्री रविशंकर पर निशाना साधते हुए उन्हें संघ का प्लान सी करार दिया था। कांग्रेस महासचिव ने अन्ना हजारे पर निशाना साधते हुए कहा कि उन्हें परदे पर पीछे के लोगों को सामने लाना चाहिए। उन्होंने गोविंदाचार्य, गुरूमूर्ति और अजीत डोभाल की तरफ इशारा करते हुए का कि परदे के पीछे रहने वाले इन लोगों को सामने लाकर अन्ना को कोर कमेटी में शामिल करना चाहिए। दिग्विजय इससे पहले अन्ना के आंदोलन को आरएसएस का समर्थित आंदोलन करार देकर विवाद पैदा कर चुके हैं।

46

चुनाव में धनबल इस्तेमाल को रोकेगा आयकर विभाग

बिहार, पश्चिम बंगाल और तमिलनाडु विधान सभा चुनाव में बेहिसाब खर्च पर नजर रखने के लिए आयकर विभाग की जांच शाखा के विशेष दल अब उत्तर प्रदेश, उत्तराखंड और पंजाब सहित पांच राज्यों में आगामी विधान सभा चुनाव के दौरान धनबल के इस्तेमाल पर अंकुश लगाने की तैयारी में जुट गए हैं।

सूत्रों के मुताबिक चुनाव आयोग आगामी चुनावों में भी आयकर विभाग की मदद लेगा। इसके लिए तैयारियां शुरू हो गयी है। सूत्रों को कहना है कि चुनाव की अधिसूचना जारी होने के बाद प्रचार अभियान के दौरान लखनऊ, चंड़ीगढ़ और अमृतसर सहित चुनावी राज्यों के महत्वपूर्ण हवाई अड्डों पर आयकर विभाग की जांच शाखा के अधिकारी तैनात किए जांएगे ताकि बेहिसाब कैश लाने ले जाने वालों पर उनकी नजर रहे। इसके अलावा विभाग स्थानीय स्तर पर सूचना मिलने पर छापेमारी की कार्यवाही भी कर सकता है। सूत्रों के मुताबिक प्रत्येक जिले में आयकर अधिकारी के अलावा आयकर इंस्पेक्टर भी तैनात किया जाएगा। इसके अलावा नियंत्रण कक्ष भी स्थापित किया जाएगा।

47

अन्ना आंदोलन को मिले 2.94 करोड़

अन्ना हजारे के जन लोकपाल आंदोलन के खातों का संचालन करने वाले एनजीओ पब्लिक कॉज रिसर्च फांउडेशन (पीसीआरएफ) के ऑडिट का काम पूरा हो गया है। एक अप्रैल से 30 सिंतबर के बीच इस संस्था को नकद, चैन और ऑनलाइन फंड ट्रांसफर के जरिए 2 करोड़ 94 लाख, 54 हजार 776 रूपए प्राप्त हुए। प्राप्त राशि में से 42 लाख 55 हजार 697 रूपए वापस उन्ही खातों में लौटा दिए गए, जहां से वे आए थे। इस राशि को देने वालों को कोई विवरण उपलब्ध नहीं था।

बचे हुए 2 करोड़ 51 लाख 99 हजार 97 रूपए मे से एक करोड़ 57 लाख 49 हजार 58 रूपए आंदोलन में खर्च किए गए। शेष राशि 94 लाख 65 हजार 419 रूपए पीसीआरएफ के खाते में जमा है। आंदोलन को मिली आर्थिक मदद व उसके दुरूपयोग पर राजनीति दलों एवं आंदोलन से जुड़े कुछ कार्यकर्ताओं ने भी सवाल उठाए थे। अन्ना ने सिंतबर में रालेगण सिद्धि में हुई कोर कमेटी की पहली बैठक में एलान किया था कि जल्द ही आंदोलन को जनता की आर्थिक मदद व उसके खर्च की ऑडिट रिपोर्ट जारी की जाएगी।

25 लाख का सबसे बड़ा दान

आंदोलन में 27 हजार 500 से भी अधिक लोगों ने आर्थिक मदद दी थी। इनमें 25 हजार से अधिक दानदाताओं ने रामलीला मैदान के दौरान ही अपना सहयोग दिया। एक लेनदेन के जरिए सबसे बड़ी राशि 25 लाख रूपए उद्योगपति सीताराम जिंदल (यह दानराशि संस्था को जंतर-मंतर पर अप्रैल में हुए आंदोलन के दौरान मिली) की ओर से मिले जबकि सबसे कम 5 रूपए की राशि पर भी रसीद दी गई। रामलीला मैदान में हुए आंदोलन के दौरान कोर कमेटी के अहम सदस्य शांतिभूषण ने 4 लाख सहयोग दिया।

जनसभाओं में अधिक खर्च

खर्चों की बात करे, तो सबसे अधिक खर्च जनसभाओं (जंतर-मंतर, राजघाट व रामलीला मैदान) में 52 लाख 27 हजार 495 रूपए हुए। इसमे टेंट, सांउड सिस्टम वगैरह का खर्च शामिल है। दूसरी बड़ी राशि बेवसाइट संचालन, इंटरनेट व मोबाइल से एसएमएस करने पर 45 लाख 50 हजार रूपए खर्च की गई। आंदोलन के दौरान जागरूकता पैदा करने व संदेश देने के लिए 30 करोड़ से अधिक लोगों को एसएमएस भेजे गए। पंपलेट व बुकलेट प्रकाशित करने में भी 26 लाख 55 हजार रूपए खर्च किए गए। इसके बाद 9 लाख 83 हजार रूपए आवागमन व परिवहन पर खर्च हुए इसमें से 4 लाख 56 हजार रूपए टीम अन्ना के सदस्यों के दिल्ली से बाहर आने-जाने और बाकी राशि आंदोलन के दौरान स्थानीय आवागमन में खर्च हुए। वॉलटियर के खाना-पान, इलाज वीडियो रिकॉडिंग में भी भारी खर्च आया। आमदनी व खर्च का यह ब्योरा मंगलवार को आंदोलन की वेबसाइट पर जारी कर दिया जाएगा।

48

बेदी की मुश्किलें बढ़ी ट्रस्टी ने दिया इस्तीफा

विवादों में घिरी टीम अन्ना का सदस्य किरण बेदी को आज एक और झटका लगा। उनके गैर सरकारी संगठन के एक संस्थापक सदस्य ने ट्रस्ट से इस्तीफा दे दिया और कहा कि किराया मामले में उनकी छवि खराब हुई है।

किरण बेदी के संगठन इंडिया विज़न फांउडेशन के ट्रस्टी अनिल बल ने मंगलवार को ट्रस्ट से इस्तीफा दे दिया। अनिल फ्लाइवेल ट्रेवल के मालिक हैं और बेदी की यात्रा का प्रबंध भी वही करते हैं। बल के कहा कि अधिक किराया लेने के मामले में जो बात की गयी है उससे लोगों में यह धारणा बनी है कि किफायती टिकट जारी करने के बाद बढ़ा-चढ़ाकर बिल बनाने के लिए वही जिम्मेदार हैं। उन्होंने कहा कि इस मामले में जो हुआ उससे उनकी छवि खराब हुई। इस वजह से उन्होंने आईवीएफ के ट्रस्टी पद से तत्काल इस्तीफा देने का फैसला किया है। यह पिछले 25 साल से बेदी से परिचित हैं और विभिन्न परियोजनाओ में उनके साथ जुड़े रहे हैं।

49

मजबूत रणनीति से खत्म होगा भ्रष्टाचार

राष्ट्रपति प्रतिभा पाटिल ने कहा कि भ्रष्टाचार को जड़ से समाप्त करने के लिए सार्वजनिक जवाबदेही तय करने समेत बहुआयमी रणनीति पर काम किया जाना चाहिए। उन्होंने कहा कि इस बुराई के कारण विकास बाधित हुआ है और कानून के शासन में बाधा आई है। राष्ट्रपति ने एक दो दिवसीय सम्मेलन में संबोंधित करते हुए कहा कि सार्वजनिक जीवन में भ्रष्टाचार के खिलाफ जन भावनाएँ उफान पर हैं। उन्होंने कहा, भारतीय शासन-व्यवस्था से लोगों को काफी अपेक्षाएं हैं।भ्रष्टाचार सुशासन में बाधा डालता है, कानून शासन को कमजोर करता है, निवेश को निरूत्साहित करता है और इन सबसे बढ़कर आम आदमी को सबसे ज्यादा चोट पहुंचाता है। राष्ट्रपति ने कहा, इसे खत्म करने की जरूरत है। इसका समाधान दंडात्मक वाली एक बहुआयामी रणनीति है जिसमें आसान नियम, पारदर्शी प्रक्रियाएं, विवेक का न्यायसंगत प्रयोग, त्वरित वितरण व्यवस्था, जवाबदेही और कर्त्तव्यों का पूरी ईमानदारी से निर्वहन शामिल है। प्रतिभा ने अनुरोध किया कि शैक्षिक संस्थाओं में रैंगिंग की बुराई को खत्म करने मे महत्वपूर्ण भूमिका निभाए। उन्होंने कहा, मैं आपका ध्यान वरिष्ठ छात्रों द्वारा किये जाने वाले अमानवीय बर्ताव की ओर भी दिलाना चाहूंगी जिसमें नए छात्रों को शारीरिक और मानसिक रूप से प्रताड़ित किया जाता है। इसने समाज को झकझोर दिया है।

50

'अन्नागीरी' से पाकिस्तान में हिलेगी सरकार?

भ्रष्टाचार से लड़ने के लिए मजबूत लोकपाल की मांग कर रहे अन्ना हजारे के मुरीद अब सिर्फ भारतीय ही नहीं हैं बल्कि पड़ोसी देश पाकिस्तान में भी उनके चाहने वालों की तादाद बढ़ रही है। पाकिस्तान में न सिर्फ अन्ना के समर्थक बढ़ रहे हैं, बल्कि वहां कुछ लोग उनकी राह पर चलने के लिए भी तैयार हो गए हैं। 68 साल के ऐसे ही शख्स जहांगीर अख़्तर अन्ना से इतने प्रभावित हैं कि 12 सिंतबर से उन्होंने पाकिस्तान में लगातार बढ़ रहे भ्रष्टाचार के खिलाफ भारतीय जनलोकपाल जैसा कानून लाने की मांग को लेकर भूख हड़ताल पर बैठने का फैसला कर दिया है।

इस्लामाबाद में फोटोग्राफी से जुड़ा कारोबार करने वाले अख़्तर का मानना है कि पाकिस्तानी की असेंबली में पेश होने वाला बिल जनलोकपाल जैसा होना चाहिए। इससे पहले भी वह एक बार 22 दिन और एक अन्य मौके पर 8 दिन की भूख हड़ताल कर चुके हैं। अख़्तर अन्ना हजारे की टीम की भारत में मजबूत लोकपाल बिल पास करने की मांग का समर्थन करते हैं। उन्होंने मजबूत लोकपाल की आम भारतीयों की मांग के बारे में कहा, भारतीय लोग कह रहे हैं तो होना

चाहिए। अख़्तर चाहते हैं कि भारत सरकार भारतीयों की आवाज़ सुने। अन्ना के समर्थन में उमड़े लोगों की तस्वीरें देखने के बाद अख्तर मानते हैं कि 74 साल में गांधीवादी अन्ना हीरों के तौर पर उभर चुके हैं।

अमेरिका की सफाई, अन्ना के समर्थन में बयान नहीं दिया

अमेरिका ने साफ किया है कि ओबामा प्रशासन ने मजबूत लोकपाल की मांग कर रहे अन्ना हजारे के आंदोलन के पक्ष में कोई बयान नहीं दिया है। अमेरिकी विदेशी मंत्रालय की प्रवक्ता विक्टोरिया नुलैंड ने उन खबरों से इनकार किया है जिसमें कहा गया है कि अमेरिका ने अन्ना के समर्थन में सीधे तौर पर कोई बयान दिया है। नुलैंड ने इस बारे में कहा है कि भारत में गलत खबर फैलाई गई है। अमेरिकी प्रवक्ता ने सफाई देते हुए कहा है कि अमेरिका दुनिया में किसी भी देश में शांतिपूर्ण विरोध प्रदर्शन और अंभिव्यक्ति की आजादी की वकालत करता है।

गौरतलब है कि भारत में सत्तारूढ़ पार्टी कांग्रेस ने अन्ना के समर्थन में कथित तौर पर आने वाले अमेरिका के बयान पर एतराज जताते हुए कहा था, 'इस मामले में अमेरिका क्यों दखल दे रहा है? यह भारत का अंदरूनी मामला है।' इस बारे मे पहले आई खबरों के मुताबिक अमेरिका ने कहा है कि भारत सरकार अन्ना हजारे को शांतिपूर्वक आंदोलन करने दे। इस बयान पर कांग्रेस भड़क उठी थी।

उत्तराखंड में जनलोकपाल विधेयक लागू

उत्तराखंड राज्य जनलोकपाल विधेयक लागू करने वाला भारत का प्रथम राज्य बन गया है। जिसकी पूरे भारत में बहुत प्रशंसा हो रही है।

सन्दर्भ ग्रन्थ

1. नवभारत टाइम (समाचार पत्र)
2. हिन्दुस्तान टाइम (समाचार पत्र)
3. पंजाब केसरी (समाचार पत्र)
4. दैनिक जागरण (समाचार पत्र)
5. Anna Hazare And Jan Lokpal Bill by M.K. Singh